KB152451

자연법, 이성 그리고 권리

후고 그로티우스의 법철학

홍기원 지음

터닝
포인트

자연법, 이성 그리고 권리
— 후고 그로티우스의 법철학 —

2022년 6월 21일 초판 1쇄 발행

지은이 홍기원
펴낸이 정상석
표지 디자인 엔미디어
펴낸 곳 터닝포인트(www.turningpoint.co.kr)
등록번호 제2005-000285호
주소 (03991) 서울시 마포구 동교로27길 53 지남빌딩 308호
전화 (02) 332-7646
팩스 (02) 3142-7646
ISBN 979-11-6134-058-6 93360
정가 14,000원

내용 및 집필 문의 diamat@naver.com
터닝포인트는 삶에 긍정적 변화를 가져오는 좋은 원고를 환영합니다.

이 책에 수록된 내용을 저작권자의 허락 없이 복제 배포하는 행위는 저작권법에
위반됩니다.

아담   "새날이 어둠을 영원법의 움직임에 따라
물리치고 밝아오누나. 시간의 확실한 질서로다.
태양의 금빛이 대지의 머리 위를 비추고
별들이 지니 더 큰 빛이 솟아나도다.
물러나는 밤은 빛에 양보하니, 포이부스의 동반자
오! 그는 얼마나 위대한지! 그의 커다란 손에
하늘의 축이 돌고, 또 다른 소용돌이는
올림푸스의 봉우리를 폴루스에게 되돌리고
세상의 텅 빈 추(錘) 역시 마찬가지로 돌다가
별들의 궤도로 되돌아가누나! 별들은 그 창조주의
율법을 따라 세월의 변화를 누그러뜨리고
타이탄은 머리 풀어헤치듯 빛을 펼치며
달은 별들의 천만 무용단을 이끌어
밤의 어둠을 깨뜨리도다. 에테르의 성스러운
저 운행의 소리는 예인(藝人)의 손을 노래케 하며,
모든 별들은 하늘 가득
총총 춤을 춘다. 이는 세상이 우리에게 이르길
조물주를 섬기라 하는 것이며, 대지에 집착하라
이르는 것이 아니렷다. 우리 위에 자리 잡으시고
태생의 영혼들을 태초로 인도하시도다."
            — 그로티우스의 『에덴에서 쫓겨난 아담』 제2막

차 례

서 언

　본서는 17세기 자연법론의 대표자라고 할 수 있는 후고 그로티우스(Hugo Grotius, 1583-1645)의 법철학에 관해 필자가 그 동안 공부해 온 바의 결실을 소략하나마 한군데에 모은 것이다. 현대법철학에서 '자연법론'이라고 하면 흔히 '법실증주의'의 반대편에 서 있는 입장으로 거론되고, 이때에 법실증주의에서 법과 도덕의 구분을 말하는 만큼 자연법론은 법과 도덕의 일치점 또는 공통점을 찾는 입장이라고 이해되고 있다. 이러한 비교가 전혀 일리가 없는 것은 아니지만, 자칫 자연법론이 도덕주의자들의 법철학이라고 오해될 우려가 없지 않다. 법실증주의의 법/도덕 준별론이 '법에 관해 말할 때에는 법에 관해서만 말하자'는 데 주장의 핵심이 있다면, 필자는 자연법론 역시 '법에 관해 말할 때에는 법에 관해서만 말하고 있다'고 말하고 싶다. 단지 차이가 있다면 자연법론에서는 법의 본질을 파악하고 표현할 때에 인간본성론에 바탕을 두고 항상 이성(理性)의 관점에서 어떤 법적 해결이 정의(正義)에 부합하는 것인지 찾아내려고 한다는 점이라고 할 수 있다. 이런 관점에서 보자면 자연법론은 법실증주의 못지않게 매우 정연한 논리체계를 세우는 것을 목표로 논지를 전개해 나간다는 사실을 새삼 깨달을 수 있다. 이러한 작업은 17세기 법학에서 두드러지게 시도되고 이루어진바 그로티우스는 그러한 학문적 경향에서 선구자적 위치를 차지하고 있다는 데 의의를 찾을 수 있을 것이다.

그리하여 본서는 그로티우스의 자연법론을 합리주의의 맥락 속에서 되새겨 보고자 한다. 그로티우스가 청년기를 보낸 16세기말 17세기 초는 유럽에서 회의주의적 역사관과 철학이 무시하지 못할 영향력을 발휘하고 있던 시기이다. 그로티우스 역시 한때 이러한 사조의 영향으로부터 자유롭지 못한 청년이었지만, 『자유해양론』(1609) 이후 그가 펴낸 일련의 저작들은 그가 이성에 대한 확고한 믿음으로써 당대의 지적 위기를 훌륭히 극복해 냈음을 여실히 보여 주고 있다고 하겠다.

그로티우스의 철학체계에 있어서 또 한 가지 학자들 간에 해석의 일치를 보지 못하고 있는 것은 그를 진정한 의미에서의 합리주의자였다고 볼 수 있는지 아니면 주의주의적(主意主義的) 경향성을 여전히 보이고 있던 철학자였는지 하는 문제이다. 이 문제에 대해 본 필자는 그가 자신의 철학체계의 시작점에 있어서는 주의주의적 전제에 입각해 있었다는 점을 부정하지는 못할 것이라고 생각한다. 전지전능하고 절대적으로 옳으신 하나님의 뜻이 아니었더라면 이 세상이 창조되는 일도 없었을 것임에랴. 그러나 하나님이 인간을 빚으시고 그 인간에게 생명과 이성을 부여해 주신 이상

(비록 인간의 이성적 능력이 원죄로 인하여 타락했다고는 하나) 인간이 하나님의 뜻을 헤아리고 이 세상의 질서를 오롯이 이해하는 길은 오로지 이성적 사유를 통해서 가능할 뿐임을 기독교 법학자 그로티우스는 너무도 잘 알고 있었다.

권리와 의무에 대한 그의 논지전개가 당시 홀란드의 경제력 확장과 정치적 독립을 위한 투쟁 등을 옹호하기 위한 배경 위에서 세워진 것 역시 부정할 수 없는 사실이긴 하나, 본서의 궁극적 목적은 그로티우스를 국경의 테두리 내에서 읽어 내는 데 있지 않고 근대법학에로의 항해를 시작한 선장으로서 그려 내는 데 있다.

본서에 담긴 결실들이 나오기까지 주변의 연구자들이 주신 지도편달에 이 자리를 빌어 감사드리지 않을 수 없다. 특히 명저독회의 여러 회원들과 독회가 꾸준히 이루어질 수 있도록 공간을 제공해 주었던 연세대학교와 홍익대학교의 선배 연구자들께 감사드리고자 한다.

2022년 6월 14일

그로티우스의 저작 약어표

AHB   *Annales et historiae de rebus Belgicis*, Amstelaedami, ex typographeio Joannis Blaeu, 1657 [Written in 1612]. English translation by Thomas Manley, 1665

ISP   *De Imperio summarum potestatum circa sacra commentarius posthumus*, Lutetiae Parisiorum, 1647 [Written in 1614-1617. Second version of *Tractatus de jure magistratuum circa eccleisiastica*, written in 1614 and unpublished]. Critical edition with English translation by Harm-Jan van Dam, **2001** [Introduction of *Tractatus*, in : Appendix I]

JBP   *De Jure belli ac pacis libri tres in quibus ius naturae & gentium, item iuris publici praecipua explicantur*, Parisiis, apud Nicolaum Buon, 1625

JPC   *De Jure praedae commentarius. Ex auctoris codice descripsit et vulgavit H[endrik] G[erard] Hamaker*, Hagae Comitum, apud M. Nijhoff, 1868 [Written in 1604-1606 Sometimes referred to as De Indisby the author to show his indebtedness to the same title book of Francisco de Vitoria (1539)]. English translation by Gwladys L. Williams, 1950 (Clarendon Press) and **2006** (Liberty Fund)

Mel.   *Meletius, sive De iis quae inter Christianos conveniunt epistola*, critical ed. with transl., commentary and introd. by Guillaume H. M. Posthumus Meyjes, Leiden : E. J. Brill, 1988 [Written in 1611]. French translation by Lagrée, **1991**

MR   *Mare liberum, sive de Jure quod Batavis competit ad indicana commercia dissertatio*, Lugduni Batavorum,ex officina L. Elzevirii, 1609. English translation by Richard Hakluyt (c. 1552-1616), **2004** (Liberty Fund)

PR   *Parallelon rerumpublicarum liber tertius: de moribus ingenioque populorum Atheniensium, Romanorum, Batavorum*, 4 vol., Haarlem : A. Loosjes, 1801-1803 [Written in 1601-1602]

VRC   *Sensus librorum sex, quos pro Veritate religionis christianae*, Lugduni Batavorum, ex officina J. Maire, 1627; *De veritate religionis Christianae, Editio Quinta, prioribus auctior, & emendatior*, Oxoniae, Excudebat L. L[ichfield]. Impensis G. Webb, **1639**

* 굵은 글꼴의 출판년도는 본서에서 인용된 판본을 의미한다.

제1장

후고 그로티우스의 법사상에 있어 자연법과 이성
— 노베르토 보비오의 홉스 테제 비판 시론 —

서 론

17세기 자연법론이 내세운 기본적 원리들이 근대국가를 건설하는 데 중요한 역할을 담당했었다는 데에는 이론이 없을 것이다. 18세기말의 프랑스대혁명은 인간과 시민의 자연권적 기초 위에 공화국을 세우고자 했으며, 이러한 법의 정신은 19세기에 들어서는 각국의 자유주의적 헌법의 근간을 이루었다. 따라서 17세기 자연법론에 대한 연구는 우리가 근대국가의 철학적 기초를 이해하고자 할 때 그 의의를 발휘한다 하겠다.

근대자연법론의 창시자가 누구인가 하는 문제에 대하여 대다수의 의견은 후고 그로티우스(1583-1645)의 법사상적 공헌을 높이 평가해 왔으나, 1962년 이탈리아의 법철학자 노베르토 보비오가 토마스 홉스(1588-1679)와 자연법론에 관한 자신의 논문[1]에서 그로티우스의 권위에 본격적인 문제제기를 한 이후로는 기존에 그로티우스가 법사상사에서 차지하고 있던 위치를 홉스가 대신하게 되었다. 보비오의 주장에 따르면, '근대'자연법론의 관점에서 보자면 그로티우스가 아니라 홉스가 진정한 선구자로 인정되어야 한다고 한다. 보비오의 논거는 다음과 같이 네 가지로 요약될 수 있다. (1) 그로티우스는 "일반원리(common rules)의 광범위하고 유연한 목록"의 작성을 목표로 했을 뿐인 데 반하여, 홉스는 "자연법의 진정한 목록"을 제시했다. (2) 그로티우스의 논리적 출발은 appetitus societatis, 즉 인간의 사회적 취향이라 할 수 있는데, 이는 아리스토텔레스와 토마스 아퀴나스의 이론을 "모호하게 반복"한 데 지나지 않는 반면, 홉스는 "자연상태의 비사회적 개인"을 이론적 출발점으로 삼고 있다. (3) 홉스의 자연법목록은 이성은 "효용[이해득실]의 계산능력"에 다름 아니라고 하는 자신의 이론에 바탕을 두고 있는 반면, 그로티우스는 자연법을 "공리주의와 회의주의에 대한 보루"로 삼는 것 외에는 아무것도 하지 않았으며, (4) 마지막으로 홉스는 자연권을 이론화한 최초의 사상가인 데 비하여, 그로티우스는 의무론에 집착하고 있었다. 이와 같이 네 가지 논거를

---

1) "Hobbes e il giusnaturalismo", in : *Rivista critica di storia della filosofia*, 17 (1962), pp.470-485. 같은 저자, *Da Hobbes a Marx*, Naples : Morano, 1965, pp.51-74; Thomas Hobbes, Turin : Giulio Einaudi editore, 1989, 제5장 등에 재수록. 본장에서는 후자의 1993년 영역판을 인용하기로 한다.

제시한 다음 보비오는 결론짓기를 그로티우스는 근대적 자연법론의 기초자라고 추정될 만한 아무런 자격도 지니고 있지 않다고 한다.

보비오의 위와 같은 확고한 논거에도 불구하고 몇 가지 의문은 남는다. 우리는 과연 그로티우스의 이론 속에서는 보비오의 주장에 따르면 흡스가 최초로 정립하고자 시도했다고 하는 연역적 법체계를 발견할 수 없는가? 근대 자유주의는 보비오가 주장하려고 한 바대로 인간의 본성에 관한 흡스의 이해, 즉 상호불신에 가득 찬 비사회적 개인들이라는 이해로써만 설명될 수 있는가? 그로티우스는 정녕 이성과 권리에 대한 이론을 갖지 있지 못한가?

본장의 목표는 보비오가 근대성에 대한 자신의 관점을 원자적 개인들의 사회에 한정함으로써 그로티우스의 법이론을 잘못 평가했다는 점과 아울러 그로티우스의 이론은 분명 중세의 자연법론자들과 구분되는 몇 가지 중요한 특징을 지니고 있었다는 점을 밝히는 것이다. 그러나 본장은 흡스의 자연법이론에 대한 보비오의 이해에는 별다른 이의를 갖고 있지 않기 때문에 흡스의 이론 자체를 재검토하거나 보비오의 해석을 일일이 반박하는 것을 목표로 하지는 않고, 단지 그로티우스의 자연법이론을 보다 충실히 이해함으로써 보비오의 흡스 테제를 비판할 수 있는 내용적 근거를 마련하고자 한다. 우리의 연구는 그로티우스의 자연법과 신법 개념을 재검토함으로써 이루어질 것이며, 이를 위해서 우리는 그의 유명한『전쟁과 평화의 법』(1625)뿐만 아니라 그의 초기 저작인『포획법 주해』(1604-1606) 그리고 그의 정치신학적 저서라고 할 수 있는『종교적 문제에 관한 주권론』(1648) 등도 분석의 대상으로 삼을 것이다.

신법과 자연법의 관계 : 천지창조로부터 사유재산제의 창설까지

그로티우스의 법철학에 있어 "최우선적 권위"는 언제나 신에게
주어진다. 그가 곧 모든 종류의 법의 원천이기 때문이다 : "신이
자신의 의지라고 밝힌 바가 곧 법이다."[2] 그런데 모든 창조물은
신으로부터 천부적 자산을 부여받아 그에 의하여 자신의 존재를
보존하고 자신의 생존이 창조주의 법과 합치되도록 스스로를 인도
할 수 있다. 자기애(自己愛)는 — 비록 때때로 이기심과 사리추구
로 이어지기는 하지만 — 이처럼 신에 대한 생래적 의무라는 관점
에서 정당화될 수 있었다.[3] 창조물의 입장에서는 인간이든 짐승이
든 간에 자신을 돌보고 자신의 행복과 안전을 도모하는 것은 지극
히 자연스러운 것으로 간주되었던 것이다.

자연법과 자연권에 관한 그로티우스의 최초의 주저라 할 수 있

---

2) *JPC*, II, p.19 (강조는 그로티우스). 심지어 그로티우스는 법(jus)이라는
용어가 주피터(Jove)의 이름에 어원을 두고 있다고 제안하기까지 한다.
JBP, Prolegomena, fol. 7[r] : "quo sensu Chrysippus & Stoici dicebant iuris
originem non aliunde petendam quam ab ipso Ioue, a quo Iouis nomine
ius Latinis dictum probabiliter dici potest." 이와 같은 행위의 정당화의
기초로서의 신의 절대적 의지에서 M. B. Vieira(2003, p.364)는 그로티
우스가 중세의 주의주의(voluntarism)에 닿아 있다고 본다. 중세의 주의
주의, 특히 J. 둔스 스코투스에 관해서는 Frederick Charles Copleston,
Medieval Philosophy : Augustine to Scotus, Westminster : The Newman
Press, 1962 (한국어판, 1988), 제45-50장 참조.
3) *JPC*, II, pp.21-22.

는『포획법 주해』의 서문은 바로 위와 같은 "제1원칙"으로부터 시작하고 있는데, 이로부터 저자는 8개의 추가적인 원칙과 13개의 법칙을 논리적으로 이끌어 내고 있다.4)

  법칙 1 : [자기 자신의] 생명을 방어하는 것과 유해하다고 판명되는 위협을 방지하는 것이 허용될 수 있어야 한다.
  법칙 2 : 자기 자신을 위해서 생명의 유지에 유용한 사물을 획득하고 보유하는 것이 허용될 수 있어야 한다.

  자기애, 달리 말해 자기보존은 그로티우스의 자연법론에 있어 출발점에 자리잡게 된다.5) 이처럼 인간의 자기애적 본성을 강조함으로써 그로티우스는 단순한 혹은 순진한 이타주의로부터 거리를 두고 있는 것은 사실이다. 그렇지만 한편으로는 그로티우스가 자기애의 덕목을 φιλαυτία, 즉 악덕으로서의 "무절제한 이기주의"와 분명히 구분하고 있다는 점도 지적되어야 할 것이다. 신은 각 창조물이 각자의 역량 하에 자신의 생존을 도모하기를 바라셨을 뿐만 아니라 아울러 — 신의 모든 창조물들이 그 자체로 온전히 보전되기에는 자원이 부족한 고로 — 각 창조물이 "자기와 동종관계에 있는 자의 안녕을 염려하여 모든 창조물들이 마치 영속적인 계약을 체결한 것과 마찬가지의 상호조화의 상태에서 살기"를 바라셨다.6) 그로티우스의 의미에서 사랑은 결국 자기자신에 대한 사랑(욕구)과 타자에 대한 사랑(우정)이라는 이중적 의미를 지니게 된

---

4) 그 요약은 본서의 부록을 보라.
5) Tuck, 1993, pp.xvi 그리고 173.
6) *JPC*, II, p.24.

다. 자기애가 제1원칙으로서 자연에 새겨져 있지만, 이 자연은 제2 원칙으로서 상호계약을 명하게 되는 것이다: "인류의 일반적 합의 로써 만인의 의지라고 밝혀진 바가 곧 법이다." 이 원칙으로부터 아래와 같은 두 개의 법칙이 도출된다.

법칙 3 : 어느 누구도 동료에게 해를 가해서는 안 된다.
법칙 4 : 어느 누구도 타인의 점유 하에 있던 물건을 탈취해서
는 안 된다.

제3법칙을 안전에 관련된 "불가해성"의 법칙이라 한다면, 제4법 칙은 점유의 구분에 기초한 "절제"의 법칙이라 할 것이다.7) 이 두 법칙은 앞의 제1, 제2법칙을 상호관계라는 관점에서 제한하기도 하지만 한편으로는 보완한다고 볼 수도 있으며, 더 나아가서는 신 성한 개인의 권리를 대인관계에서 보장할 수 있는 근거를 마련하 고 있다고 볼 수도 있다. 자기보존의 권리, 즉 신이 예비해 주신 자원에 대한 권리는 이렇게 하여 결국 사회적 관계 속에서 그리고 사유재산(소유, dominium)을 통하여 규율을 받게 되는 것이다.

각자가 신이 예비해 준 자원으로부터 자신의 것으로서 점유한 물건은 그의 소유로서 인정되어야 한다.8) 그리고, 제2원칙(타자에 대한 사랑)으로부터, 네 것도 내 것처럼 존중되어야 한다는 법칙 이 도출되어 나온다.9)

---

7) *JPC*, II, p.27.
8) 그로티우스는 그 점유행위를 "possessio"라 하고 이를 기초로 점유자는 "usus"에 대한 권리를, 다음으로는 "dominium"에 대한 권리를 갖는다 설명한다. *JPC*, II, p.24.

법칙 8 : 점유물이 사적으로 점유된 것이든 공적으로 점유된 것
이든 시민들은 서로의 점유물을 침해하지 않도록 유의
해야 할 뿐만 아니라 다른 개인들에게 필요한 바와 전
체에게 필요한 바를 개별적으로 기여해야만 한다.

그로티우스가 『포획법 주해』에서 이 제8법칙을 너무 일반적인
형식으로 제시한 것이 사실이라면, 그로부터 20년 후에 출간된 『전
쟁과 평화의 법』에서는 그로부터 몇 가지 자연법을 더 연역해 냄
으로써 그 내용을 확장하고 있음을 볼 수 있다:10)

"이 법에는 [1] 타인의 점유를 침해해서는 안 될 의무, [2] 만약
타인의 것을 점유하거나 그로부터 이득을 취한 경우에는 이에
대한 복구의 의무, [3] 약속을 이행할 의무, [4] 과실로 인한 손
해의 전보, [5] 사람 사이에 형벌을 과할 수 있는 근거 등이 포
함되어 있다 할 것이다."

소유(dominium)제도는 시민사회11)에서만 성립할 수 있으며 자연
상태에서는 존재할 수 없는데,12) 그것은 후자의 조건에서 각자 점

---

9) *JPC*, II, p.37.
10) *JBP*, Prolegomena, fol. 6ᵛ : "quo pertinent alieni abstinentia, & si quid
alieni habeamus aut lucri inde fecerimus restitutio, promissorum im-
plendorum obligatio, damni culpa dati reparatio, & poenae inter homines
meritum." 기실 그로티우스는 자연법으로부터 사법(私法)의 거의 모든
원칙을 도출해 내고 있다고 해도 과언이 아닐 것이다.
11) 사회계약론에서 시민사회(civilis societas)라는 용어를 자연상태(status
naturae)와 대비하기 위하여 사회상태로 번역하는 예가 많으나, 본서에
서는 일괄적으로 시민사회로 표기하기로 한다.
12) 그로티우스가 "status naturae"와 "civilis societas" 등의 용어를 사용하

유할 수 있는 대상이라곤 자신의 생명과 사지(四肢) 그리고 자유 밖에 없기 때문이다. 그러나 이러한 원시상태에서조차도 각자는 위에서 말한 자연원칙과 자연법칙에 구속된다는 것이 그로티우스 의 생각이다. 따라서 만약 누군가 자연상태에서 타인에게 위해를 가하거나 공용으로 (in medio) 예비된 물건의 사용을 방해할 경우 그는 타인의 생명의 온전함을 위태롭게 할 뿐만 아니라 타인이 그 자연적 권리를 행사함을 방해하는 것이 된다. 개인의 점유의 불가 침성은 자연상태에서도 이처럼 인정되는바, 사유재산이 "법 또는 관습에 따라" (ex lege aut usu) 형태를 갖추는 시민사회에서는 더 더욱 그러하다.13)

이러한 관점에서 『전쟁과 평화의 법』 제2권의 전반부는 사유재 산의 신학적, 철학적 기초에 대한 저자의 설명을 매우 흥미롭고도 체계적으로 제시해 주고 있다 하겠다.

우선, 제2장에서 그로티우스는 소유의 기원이라는 관점에서 창

고 있었음은 반드시 지적되어야만 할 것이다. 예를 들어, "Sed ciuili societate ad tuendam tranquillitatem instituta, ..." (*JBP*, I, iv, p.95), "Atqui sicut in statu naturae inter tales coniugium verum esse potuit, ..." (II, v, 15, p.190), "Successio enim imperii non est sub iure imperii, ac proinde mansit in statu naturali, quo nulla erat iurisdictio" (II, vii, 27, p.225). 더 군다나 우리는 그로티우스가 "단순한 자연법"이란 표현을 자연상태의 의미로 사용하고 있었음도 알 수 있다. 예를 들어, "... quae rem re-ducit ad merum ius naturae" (II, vi, 5, p.202). 그렇다면 우리는 홉스가 자신의 『리바이어던』(1651)에서 최초로 자연상태 개념을 정립했다고 하는 일반적 견해를 재고할 필요가 있다고 하겠다. 그로티우스는 이미 26년 전에 그에 관해 말하고 있었으니 말이다. 우리는 홉스의 개념에 일차적 특권을 부여하기보다는 근대초기에 다양한 버전의 개념이 존 재했음을 인정해야만 할 것이다.

13) *JBP*, I, ii, p.18.

세기를 재구성하고 있다. 천지창조 때에 모든 사물은 공유였으며 분할되지 않았기 때문에 각자는 자신이 원하는 물건을 각자의 필요에 따라 사용할 수 있었으며 자신의 능력에 따라 소비할 수 있었다. 그러한 보편적 사용 자체가 당시로서는 권리였으며, 이 권리는 폭력이나 위해로써만 침해될 수 있었다. 이러한 "극도의 단순성"(magna quadam simplicitas)의 상태가 사라진 것은 인간이 원시 경제에 만족하지 못하고 근면(노동)의 필요성을 느끼게 되었을 때,[14] 즉 생명의 나무의 상태에서 선악인식의 나무의 상태에로 이행하게 되었을 때였다. 그로부터 점유물들이 최초로 분할되게 되었으며[15] 거인의 시대가 도래하게 되었고, 이들의 악덕은 대홍수를 통해서만 축출될 수 있었다. 야망의 악덕으로 인해 발생한 새로운 타락(바벨탑) 이후, 대지(토지)는 민족과 가족의 수만큼 분할되게 되었으며, 이로부터 동산과 부동산의 구분이 생겨났다.[16]

소유가 성립된 것은,[17] 그로티우스의 창세기가 보여주듯이, 인간의 자기애적 본성에 따른 것이었다. 물론 그로티우스는 사물의

---

14) 그로티우스에게 있어 소유의 기원으로서의 노동에 관해서는, Brandt, pp.39-40.
15) 본서의 부록 참조.
16) *JBP*, II, ii, 2, pp.138-141.
17) 그로티우스는 덧붙이기를 공유물이 사유재산이 된 것은 그 권리를 취득한 자가 애당초 그러한 의도로 행위(animi actus)했을 때, 더욱 중요하게는, 그와 타인들 사이에 명시적이든 묵시적이든 일종의 협약(pactum)이 존재했을 때라고 설명한다. Richard Schlatter, *Private Property : The History of an Idea*, New Brunswick : Rutgers University Press, 1951, p.130. 반면 R. Tuck(1979, p.61)은 그로티우스에게 있어 사유재산의 구성요건으로 합의보다는 노동을 강조한다. 이 주제에 관한 논의로는 Salter, 2001.

공유상태를 이상화하거나 그 상태로의 회귀를 꿈꾸는 낭만주의자
는 절대 아니었다. 그러나 그렇다 해서 배타적 소유를 절대화했던
것도 아니었다. 그가 주장하고자 했던 것은 "그 시원적 권리"(ius
illud pristinum, 공동소유)가 시민사회에서도 경우에 따라서는 소유
권 자체나 그 행사를 제한하기 위한 수단으로서 부활될 수 있다는
점이었다: (1) 어느 한 사람의 물건은 그를 "극도로 필요"로 하는
타인을 위해 공용화될 수 있다. (2) 그 물건을 정당하게 그리고 소
유자에게 "해를 끼치지 않는 용도"로 쓰고자 하는 자가 있는 경우
에도 마찬가지이다.18)

『전쟁과 평화의 법』 제2권 제8장에서 저자는 실정법상 소유권
획득방식이 자연법의 관점에서 정당한 경우와 아닌 경우 몇 가지
를 검토하고 있다.19) 예를 들어, 자식은 자궁[母]을 따른다 했던
로마법은 자연법과 상치되는데, 왜냐하면 부(父)를 결정할 수 있는
어느 정도의 확실성만 있으면 자식은 그 정도에 따라 부분적으로
부에 속한 것으로 간주되는 것이 통상적이기 때문이라는 것이다.
그로티우스가 든 또 다른 예는 어느 한 사람의 재료에 다른 한 사
람의 노동이 가해져 새로 만들어진 물건의 소유권에 관한 문제인
데, 이 문제는 사비누스학파나 프로쿨루스 등 로마법률가는 물론
프랑수아 코낭20) 등 16세기의 프랑스 인문주의 법률가들까지 괴

---

18) *JBP*, II, ii, 6-13, pp.143-148. 어떤 의미에서는 사유재산은 그 자체에
    한계를 지니고 있다는 것이 그로티우스의 생각이었다. 왜냐하면 그 제
    도를 창설한 자들의 의도는 "자연적 형평으로부터 가능한 한 덜 멀리
    떨어지고자" 하는 데 있었기 때문이다.
19) *JBP*, II, viii, 18-19, pp.240-241.
20) François Connan (1508-1551). 인문주의 법학자로서 파리고등법원 변호
    사와 프랑수아 1세의 왕자문위(Conseil privé)의 위원 등을 역임했다.

롭힌 유명한 문제이지만 그로티우스가 보기에는 어느 누구도 만족
스러운 해답을 제시하지 못했다.21) 그로티우스가 생각하기에 가장
"자연스러운" 해법은 새로운 물건의 재료와 형식이 각각 다른 사
람에게 속한 경우 그 새로운 물건의 소유권은 각각의 비율에 따라
공동소유가 된다는 것이었다.

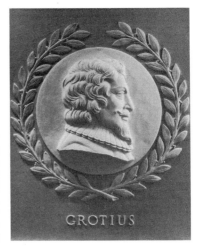

미국 의회의사당 하원의
갤러리 문(gallery doors)에는
미국법의 기초를 세웠다고
평가되는 23인의 대리석
양각초상이 새겨져 있다.
우측 사진은 그 중
그로티우스의 초상
(출처 : https://www.aoc.gov)

저서로 『로마법주해 10권』(Commentariorum juris civilis libri decem,
1553)이 있다.
21) 사비누스학파는 새 물건의 소유권은 재료를 소유했던 자에게 귀속한
다고 해석했던 반면, 프로쿨루스는 그 물건에 새로운 형태를 부여한
자에게 소유권을 인정했다. 절충론도 존재했는데, 이에 따르면 만약
물건이 원래의 형태로 돌아갈 수 있는 경우라면 재료의 소유자가 그
새로이 형성된 물건을 소유하고, 그렇지 않은 경우에는 그 재료에 새
로운 형태를 부여한 자에게 새로운 물건의 소유권이 귀속한다고 한다.
코나의 해석은 가치기준에 기초하고 있었는데, 말하자면 경우에 따라
노동이 더 큰 가치를 가지느냐 혹은 재료가 더 큰 가치를 가지느냐에
따라 소유권이 결정된다는 것이었다.

자연상태에서의 물권적 관계는 타인에게 피해를 주지 않는 한 공동점유 하에 있는 모든 물건을 각자의 자기보존을 위해 쓸 수 있었다는 것이고, 사유재산제에 기초한 시민사회에서도 역시 자연법은 유효하다는 것이 그로티우스가 주장하는 바의 요점이라 할 수 있다. 남은 문제는 어떻게 자연법을 인식할 수 있는가 하는 것이었다. 자연법을 인식하는 것이 가능한가? 가능하다면 그것은 신 또는 신법을 인식하는 것과 마찬가지의 방식으로 이루어지는가 아니면 독자적인 방식을 통해서인가?

자연법과 올바른 이성 : 회의주의의 초월

어떤 철학자에 의해서도 부정되기 어려웠던 진리가 있다면 그것은 인간은 이성적 능력을 지니고 있다는 점에서 다른 동물과 구분된다는 점일 것이다. 그로티우스에게 있어 이 "이성의 숭고한 부여"는 인간에게 새겨진 신의 모습에 다름 아니었다: "인간의 이성은 신의 이성으로부터 그 존재를 부여받는다."[22]

그로티우스는 분명 당시 유럽에 퍼지기 시작했던 새로운 철학 조류를 의식하고 있었다. 대륙에서의 회의주의와 영국에서의 경험

---

22) *JPC*, II, pp.24-25. 이 인용구는 그리스의 극작가이자 철학자인 에피카르무스(c. 540-c. 450 BC)의 시구에서 따온 것이다. 그로티우스는 또한 키케로(『법률론』, I, vii)도 인용하고 있다: 이성은 신과 인간의 공유물이다. 그로티우스가 인간에게 고유한 특질이라고 생각한 것이 무엇이냐에 대해서는, Jon Miller, "Innate ideas in Stoicism and Grotius," in : Blom and Winkel (ed.), pp.157-176, 특히 163-165.

주의가 그것인데, 이 두 사상조류는 공통적으로 인간의 이성적 능력의 확실성에 의문을 던지고 있었다. 역사학적인 관점에서 보자면, 16세기말에 인문주의자들에 의해 마키아벨리와 함께 정치사상의 영역에 재소개되었던 로마의 회의주의 역사가 타키투스[23]는 17세기 철학자들에게 매우 매력적인 사상을 제공해 주었고 이성과 상당한 거리를 둘 수 있게 해주었다. 그로티우스 역시 젊었을 때에는 이러한 조류로부터 자유로울 수는 없었다. 그가 아테네, 로마, 바타비아의 정치제도비교를 목적으로 약 18세의 나이에 저술한 『국가제도비교 3권』은 타키투스가 그의 역사관에 얼마나 많은 영향을 미쳤는가를 보여 준다.[24] 하지만 그의 저술의도는 오히려 고대인들이 공통적으로 지니고 있던 덕, 예를 들어 자유를 강조하는 데 있었다고 보는 것이 진실에 더 부합할 것이다.[25] 비교사를 통해 발견할 수 있었던 이러한 인류공통의 덕들은 젊은 그로티우스로 하여금 인간이성에 대한 그의 믿음을 버리지 않게 도와줄 수 있었다. 그는 몇 년 후 다음과 같이 썼다: "확실히 이 이성적 능력이 인간의 악덕에 의해 어둡게 가려져 왔던 것은 사실이다. 그러나 그렇게 심한 정도는 아니었고, 오히려 신의 빛줄기가 여전히 밝게 비추고 있고 특히 국가 간의 상호협약에 있어서는 더욱 밝게 빛나고 있다고 보아야 할 것이다."[26] 그리하여 그는 당대의 회의

---

23) Anthony Grafton, *Commerce with the Classics : Ancient Books and Renaissance Readers*, Ann Arbor : University of Michigan Press, 1997, pp.204-208.

24) R. Tuck(1993, p.161)은 타키투스의 *Annales*가 그로티우스의 *Annales et historiae de rebus Belgicis*(1612경)에 영향을 미쳤을 것이라 추측하기도 한다.

25) *PR*, I, p.25.

적 상대주의에 대한 답으로서의 『포획법 주해』를 저술할 수 있는 기회를 갖게 되었던 것이고,[27] 이런 관점에서 보자면 사실 그가 (친구의 부탁으로) 네덜란드 동인도회사를 위한 변명을 목적으로 원고를 작성하기 시작했다는 저술동기는 철학사적으로 별다른 의미를 갖지 못한다.

하이델베르크시 자문위원 게오르그 링겔스하임에게 보내는 1606년 11월 1일자 편지에서 그로티우스는 자신이 『포획법 주해』를 마침내 탈고했으며 그 저술에서 "교수법상 일정한 순서를 따름으로써, 즉 신법과 인간법을 적절히 안배하여 원용한 위에 철학적 언명들을 덧붙임으로써" 전쟁에 관한 일반법을 새롭게 조명하고자 했음을 자랑스럽게 알리고 있다.[28] 그런데 여기서 그로티우스가 논증의 방법론적 전개를 위해 취한 "순서"란 수학자들의 방법과 다르지 않았다.[29]

---

26) *JPC*, II, p.25.

27) 물론 당시 네덜란드와 포르투갈의 갈등관계에서 보자면 이 책은 1603년 싱가포르 해협에서 네덜란드 선장이 포르투갈 상인을 상대로 벌인 사전(私戰)에서 획득한 전리품의 정당성을 논증하기 위해 저술되었다. 한편 『포획법 주해』를 최초로 편집한 H. G. Hamaker (p.vii)에 따르면, 그로티우스는 당시 동인도회사의 주요주주이자 네덜란드 선장의 군사행동에 반대했던 메노파(派)의 비판을 반박하는 데 초점이 있었다고 한다. 아카데미학파에 대한 그로티우스의 격렬한 비판("저 무지의 교사들," II, p.27)은 『포획법 주해』가 회의주의에 대한 반박을 목적으로 저술되었다고 하는 우리의 가정을 뒷받침해 주고 있다고 하겠다. 그러므로 『전쟁과 평화의 법』 서문이 반박의 대상으로서 회의주의적 아카데미의 대표자 카르네아데스를 선택했던 것은 전혀 우연이 아니다.

28) *JPC*, Appendix II, Document VIII.

29) *JPC*, I, pp.17-18.

"나머지에 관해 보자면, 우리의 목적을 위해서는 논의의 순서를 아래와 같이 정하는 것이 편리할 것이다. 첫째, 무엇이 보편적으로 진리이고 일반적 명제로 취해질 수 있는가 보도록 하자. 다음으로는 이 일반화의 범위를 점점 좁혀 나가 결국 우리가 다루고자 하는 문제의 특수한 성격에 부합하도록 하자. 마치 수학자들이 구체적 증명에 앞서 모든 사람들이 쉽게 동의할 수 있는 포괄적 공리들을 예비적으로 진술함으로써 증명의 출발점으로 삼듯이, 우리도 보편적 자연의 확실한 원칙과 법칙들을 지적하고 그것들을 처음으로 배운다기보다는 새롭게 상기할 필요가 있는 예비적 가정들로서 위치지어서 우리가 다른 결론들을 안전히 이끌어 낼 수 있는 기초로 삼고자 한다."

그로티우스가 목표한 방법론은 두 가지 의미에서 주목할 만하다 하겠다.[30] 첫째, 그로티우스는 수학과 도덕학의 양립가능성을 부정했던 16세기의 인문주의자들로부터 거리를 둠으로써 방법론적 발전을 가져왔다고 할 수 있다. 둘째, 그가 선택한 방법은 사실 어느 정도는 전술적인 의미를 지니고 있다고 하겠다. 왜냐하면 그로티우스는 회의주의자들도 동의하지 않을 수 없는 "포괄적인 공리들의 예비적인 진술"로부터 자신의 논의를 시작하는 논증법을 취하고 있기 때문이다. 회의주의자들은 "정념과 신념을 제거하여 자기 자신을 보존코자 함"으로써 결국 자기보존의 원칙에 핵심적인 역할을 인정하게 되는데,[31] 그로티우스는 이 원칙을 취해 회의주

---

30) Tuck, 1993, pp.171-185.
31) Tuck, 1993, pp.xvi 그리고 172: 그로티우스는 "회의주의자에게 답함에 있어 그 반대명제를 내세우지 않고 회의주의자의 신념 자체를 활용하고자" 했다.

의자들의 상대주의를 논파하는 데 이용했던 것이다: "사랑의 우선적 힘과 행동은 이기심을 향해 있긴 하지만, 이 사랑이 전 자연적 질서의 첫 번째 원칙인 것이다." 나는 나를 사랑한다. 고로 존재한다. 게다가 이 원칙의 논리적 전제였던 자연의 첫 번째 원칙, 즉 "신이 자신의 의지라고 밝힌 바가 곧 법이다"는 원칙은 그로티우스가 중세의 주의주의자들에게 논거를 빌리고 있음을 말해 주는 것 이상으로 더 나아가 인간이성으로부터 도출된 그 어떤 원칙에도 의존하기를 거부하는 회의주의자들의 주의를 끌어낼 유일한 방법은 주의주의임을 그로티우스가 의식하고 있었음을 보여 주고 있다 하겠다.[32]

이렇게 하여 회의주의자들의 원칙으로부터 자신의 논증을 성공적으로 시작한 그로티우스는 첫 번째 공리에 동의했던 자라면 부정하지 못할 두 번째 공리로 회의주의자들을 자연스럽게 이끌어 간다. 즉 우리에게 이성적 능력을 부여한 것은 바로 신이라는 것이다.[33] 이성에 대한 그로티우스의 의존은 많은 학자들로 하여금 그가 스토아철학에 헌신했음을 보게 하거나, 아니면 적어도 그의 철학에서 스토아의 흔적을 발견하게 해주었다.[34] 하지만, 우리가

---

32) Brandt, pp.31-32. 그로티우스(*JPC*, II, p.20)가 아낙사르쿠스(fl. 340 BC)를 인용하고 있는 것은 바로 이와 같은 의미에서이다: "신이 의지(意志)하기 때문에 그 사물이 정의로운 것이지, 그 사물이 정의롭기 때문에 신이 의지하는 것이 아니다."

33) 데카르트조차 영원하다고 말할 수 있는 진리(= 인간본성의 진리)는 "신에 의해 세워진 것이며, 그의 다른 창조물들과 마찬가지로 전적으로 신에 의존하고 있다"고 말했다(1630년 4월 15일, 『서간』, Adam and Pannery 편, I, 145면). Miller, *art. cit.*, p.167 참조.

34) 그로티우스와 스토아철학의 또 다른 공통점으로 드는 것은 사회적 취향, 자연법 그리고 결정주의 등이다. 이러한 전통적 견해에 대한 정

그의 글 중에서 완전히 스토아적 입장이라고 볼 수 없는 또 다른 그로티우스를 발견하는 것 역시 사실이라 한다면,[35] 그로티우스에게 있어 스토아는 결국 그의 동시대인들이 이해하던 스토아 그 이상이 아니었음과 그가 스토아의 몇몇 개념을 인용한 것은 당대의 회의주의적 견해를 반박하기 위한 철학적 권위가 필요했기 때문이었다고 보는 것이 더욱 적절하지 않을까 생각한다. 그로티우스에게 있어서 이성은 스토아의 영향이라는 선입관 위에서 이해되기보다는 그로티우스의 다른 개념들과 마찬가지로 그 자신의 것으로 이해되어야 할 것이다. 이 작업을 위해서 그의 "올바른 이성" (recta ratio) ― 그의 저작에 자주 등장함에도 불구하고 우리가 크게 주목하지 않았던 표현 ― 의 개념을 분석하는 것이 유용할 것이다.[36]

위에서 보았다시피, 자기애는 그로티우스가 신의 의지로부터 추

당한 비판으로는, Blom and Winkel (ed.).

35) *PR*, § 242: "Neque enim tam Stoici sumus, ut vitia ponamus aequalia." 그로티우스가 1611년에 종교간 상호관용을 주장하기 위해 쓴 『멜레티우스』는 그 구성에 있어 스토아적인 체계를 취하고 내용적으로 스토아의 인용으로 가득 차 있지만, 이 저작조차도 스토아철학에 대한 저자의 비판적 입장을 보여 주는 문장을 포함하고 있다(*Mel.*, § 57: "우리에게 절대적으로 필요한 덕은 스스로 얻을 수 있는 것이 아니라 신의 선물로 받는 것임을 가르쳐야 한다. 이것은 스토아철학자들의 다음과 같은 매우 오만한 의견에 반하는 것이다: '선량한 영혼을 네 스스로 얻을 수 있음에도 불구하고 외부로부터 얻기를 바라는 것은 어리석은 짓이다'").

36) 본장에서 시도하고자 하는 그로티우스의 "올바른 이성"의 개념에 대한 분석은 예비적인 작업일 뿐이며 그로티우스뿐만 아니라 기타 근대 자연법론자들의 철학에서 "올바른 이성"이 차지하고 있던 위치에 대해서는 추후 별도의 연구를 기다리고자 한다.

론할 수 있었던 제1원리였다. 달리 말하자면 그로티우스에게 있어서는 "필요가 자연의 제1법칙"이었던 것이다.[37] 하지만, 타자에 대한 사랑이 인간관계에 개입하고 자연상태에서 시민사회로의 이행이 일어나자마자 인간은 "제2자연법칙"을 용인하게 되는데, 이는 국제관계에서는 "국가간의 제1법칙"(jus gentium primarium)이라 칭할 수 있는 것이었다.[38] 그로티우스는 인간이 "올바른 이성"을 필요로 하는 것은 바로 이 단계에서라고 생각하는데, 올바른 이성이란 요컨대 키케로의 용어로 말하자면 신들의 의지로부터 도출되어 만민법의 내용을 확정하는 것이라 할 수 있다. 따라서 올바른 이성은 자기애적 본성이 악덕으로 변질될 경우 인간이 범하기 쉬운 "사악과 오류"에 반대되는 개념인 것이다. 또한 올바른 이성은 시민사회적 조건 위에서 나에 대한 사랑과 타자에 대한 사랑 간의 형평적 균형을 가능케 해 주는 이성적 능력인 것이다. 올바른 이성은 진리, 즉 개인과 개인 사이 그리고 국가와 국가 사이에 신이 정해 준 관계를 "이해하는 지적인 행위"인 것이다.[39]

그리고 그로티우스에게 있어 "올바른 이성의 목소리"는 모든 인류에 공통적인 것이었다.[40] 이 말은 그로티우스의 보편적 용어에 익숙한 우리에게 자연스럽게 보이는 것 이상으로 매우 중요한 의

---

37) *JPC*, VII, p.111.
38) *JPC*, II, p.25. 이것은 "국가 간의 제2법칙"(jus gentium secundarium)에 대응하는 개념으로서, 국가 간의 제2법칙은 "국가 간의 [제1]법칙과 지방법이 합쳐진 형태로서 명확하고 구체적인 용어로 표현"된다. 이 제2법칙에서 (본서의 부록에서 보는바) 제8원칙이 도출되어 나온다 (*JPC*, II, p.45).
39) *JPC*, VII, p.102.
40) *ISP*, I, 9, p.171.

미를 띠고 있다 할 수 있는데, 왜냐하면 올바른 이성이라는 인류 공통의 지적 능력을 주장함으로써 그로티우스는 더 나아가 이 세상의 모든 민족이 카톨릭이든, 프로테스탄트이든, 유태인이든, 이교도이든 간에 이 인류의 공통자산으로써 자신들의 시민사회를 건설할 수 있음을 주장하고 있기 때문이다.41) 처음에 신으로부터 주어진 올바른 이성은 시민사회에서는 공동선을 위해 사용될 수 있으며, 인간은 신과 교통하는 성직자의 도움 없이도 이 능력을 발휘할 수 있는 능력을 갖추고 있다는 것이다.42) 진리에 접근하는데 심각한 방해가 되는 모든 종류의 "반목, 의심, 당파적 정신 그리고 기타 감정들"을 치유할 수 있는 길은 오로지 성서, 초기교회의 결정 그리고 올바른 이성뿐43)이라고 1614년 네덜란드-포르투갈 전쟁(1588-1654)44)이 최고조에 달하던 때에 그로티우스는 쓰고 있다.45)

---

41) *JBP*, II, xv, 8: "id ius [자연법] ita omnibus hominibus commune est, ut religionis discrimen non admittat." Cf. Knud Haakonssen, "Divine/natural law theories in ethics," in: Garber and Ayers (ed.), pp.1317-1357, 특히 1329 그리고 1333. Haakonssen은 주장하기를 그로티우스가 "분명히" 스콜라철학자 Gregory of Rimini(c. 1300-1358)의 주장을 수용하고 있다고 하는데, 후자는 인간은 신에 의지하지 않고도 선악을 이해할 능력을 지니고 있다고 했다.

42) 아르미니우스파(派)였던 그로티우스는 바로 이러한 근거 위에서 칼뱅주의의 교설과는 달리 "동일한 사람이 왕과 성직자를 겸할 수 있다"고 쓸 수 있었던 것이다 (*ISP*, II, 3, p.189).

43) 성서, 올바른 이성 그리고 경건한 고대의 결정 이 삼자가 또 한 번 함께 인용되는 곳으로는, *ISP*, III, 7, p.215.

44) 네덜란드-포르투갈 전쟁, 네덜란드 종교전쟁, 30년 전쟁 (1618-1648) 등이 그로티우스로 하여금 『전쟁과 평화의 법』을 저술하게 만든 시대적 배경이었음은 두 말 할 필요가 없을 것이다.

45) *Tractatus de jure magistratuum circa ecclesiastica*, in : *ISP*, Appendix, I,

『전쟁과 평화의 법』 1625년 초판에서는 올바른 이성이란 용어
가 10번 등장하고, 그 이후의 판본, 예를 들어 1642년 최종판에서
는 두 번46) 더 사용되고 있음을 확인할 수 있는데, 이는 그로티우
스가 자신의 인생 후반기에 전부터 자신이 자연법을 통해 의미하
고자 했던 바를 보다 분명히 하는 데 있어 이 용어의 개념적 유용
성을 의식하게 되었다는 것을 말해 준다 하겠다: "자연법은 올바
른 이성의 진술이다."47) 가치윤리학의 용어로 말하자면, 올바른 이
성은 가치의 우선순위를 결정해 주기도 한다. 그리하여, 예를 들
어, 생명이 자유에 우선한다고 말할 수 있는 것이다.48) 그리고 규
범윤리학의 용어로 말하자면, 어떤 행위가 도덕적 판단의 범위에
들어오는 것은 그 행위가 행위자의 지적인 활동으로부터 연유하는
의지에 기인하여 행해질 때뿐이므로,49) 올바른 이성은 이 때 행위
의 정당성의 지표로서, 즉 우선 행위규범으로서, 다음으로는 재판
규범으로서 기능할 수 있는 것이다. 자체의 확립된 실정법체계를

---

p.885.

46) 여기서 두 번이라 함은 우리가 "건전한 이성"(sana ratio, *JBP*, I, i, 10,
   5)도 "건전한 이성"과 같은 의미로 쓰였다고 간주할 때 그러하다. 초
   판의 해당 문장에 "건전한"이란 단어가 포함되어 있지 않았던 것을
   참작한다면, 저자는 이 단어를 추후에 "이성"의 의미를 보다 분명히
   하기 위해서 삽입한 것으로 생각할 수 있다.

47) *JBP*, I, i, 10, p.6 : "Ius naturale est dictatum rectae rationis."

48) *JBP*, II, xxiv, 6, p.489 : "Vitam scilicet, quae fundamentum est omnium
   bonorum temporalium, pluris esse quam libertatem." 이것이 그로티우스
   의 철학에 있어 복종이 정당화되는 근거이다. 그러나 그로티우스의 어
   휘사용에 있어 "servitus"가 곧바로 '노예제'를 뜻하는 것이 아님을 유
   의해야 할 것이다. Gustaaf van Nifterik, "Hugo Grotius on 'slavery'", in
   : Blom and Winkel (ed.), pp.233-244.

49) *JPC*, VII, p.102.

갖고 있는 시민사회에서는 이 시민법체계를 따르면 될 것이다. 하지만 그러한 때에도 무엇이 "신성하고 경건한"(fas piumque) 행위인지 또는 시민법에 기속되지 않는 자는 누구인가 등의 문제가 발생할 시에는 우리는 올바른 이성의 진술을 따라야 할 것이다.[50] 따라서 행위가 인간의 "이성적 본성"에 부합되게 행해지는 한 그 행위는 "도덕적 필요성"에 근거하여 행해졌다고 판단될 것이며, 그렇지 않은 경우에는 "도덕적으로 추악하게" 행해졌다고 판단될 것이다.[51] 자기애의 원칙 덕분에 우리는 올바른 이성에 도달할 수 있었던 것이지만, 올바른 이성이 우리가 자기보존을 위해 사용하게 된 그 어떤 것보다 "더욱 소중하다"고 하겠다.[52] 그러므로 올바른 이성과 사회의 본성이 모든 종류의 무력을 금지하고 있는 것은 아니지만,[53] 한 개인 또는 한 국가가 오로지 자기 자신만을 위해서 무력에 호소하는 경우에는 올바른 이성에 반하여 행위했다고 판단될 것이다: "그는 자신의 이웃에 대한 사랑에 반하여 죄를 짓는 것이다."[54]

자연법의 원인으로서의 올바른 이성을 위와 같이 논증함으로써 그로티우스는 중세의 아리스토텔레스주의자 파도바의 마르실리우

---

50) *JBP*, II, xii, 2, p.282.
51) *JBP*, I, i, 10, p.6. 또한 Prolegomena, fol. 12^r.
52) *JBP*, I, ii, 1, p.17 : "prima naturae commendent nos quidem rectae rationi, sed ipsa recta ratio carior nobis esse debeat quam illa sint a quibus ad hanc venerimus."
53) *JBP*, I, ii, 1, p.18 : "Recta autem ratio ac natura societatis, [...] non omnem vim inhibet, sed eam demum quae societati repugnat, id est quae ius alienum tollit."
54) *JBP*, III, xx, 43, pp.746-747. 또한 II, xxii, 4, p.468.

스(Marsiglio da Padova, 1290-1342)[55])가 부정한 바 있는 개념, 즉 "ius naturae, humanae"를 부활시키게 되었다.[56]) 이 법의 진리는 매우 분명하여 이제 신에 의지할 필요도 없게 된다.[57]) 그로티우스는 더 나아가 아래와 같이 주장한다.[58])

"자연법은 매우 확고불변하여 신조차도 그를 바꿀 수는 없다. 왜냐하면, 비록 신의 힘이 거대하긴 하지만, 그 힘이 미치지 못하는 것도 있다고 말할 수 있기 때문이다. 그리하여 신도 2 곱하기 2가 4가 되지 못하게 한다거나, 마찬가지로 신이라 할지라도 본질적으로 악한 것을 악하지 않은 것으로 만들 수는 없는 것이다."

여기서 우리는 그로티우스의 논리전개에 있어 매우 중요한 지점에 도달했다고 할 수 있다. 자연법은 신의 의지로부터 도출된 것이지만 이제 신에 대한 의존으로부터 자신을 해방시키게 된 것

---

55) Annabel Brett, "Politics, Right(s) and Human Freedom in Marsilius of Padua," in : Mäkinen and Korkman (ed.), pp.95-116, 특히 96.

56) *JBP*, Prolegomena, fol. 6[v]. 그로티우스의 문맥 속에서 "jus naturale"가 대부분의 경우에는 "jus naturale et humanum"의 의미로 사용되었다고 생각해도 크게 틀린 것은 아닐 것이다.

57) *JBP*, Prolegomena, ff. 6[v]-7[r] : "etiamsi daremus, [...] non esse Deum." 이 것이 바로 그로티우스의 악명 높은 가정인 것이다. 데카르트는 훗날 이를 비판하여 마렝 메르센느(Marin Mersenne, 1588-1648)에게 보내는 1630년 5월 6일자 편지에서 "우리는 '신이 존재하지 않는다 하더라도 이 사실들은 진실일 것이다' 같은 말을 해서는 안 된다"고 했다(『서간』, Adam and Pannery 편, I, 149-150면). 이 주제에 관해서는 Saint Leger, 1962; Todescan, 2003.

58) *JBP*, I, i, 10, p.7.

이다. 주의주의에 대전제의 자리를 내주었던 이성주의가 이제 근대초기에 들어서 자신의 권위를 되찾아 시민사회에서는 올바른 이성으로부터 추론된 자연법이 신의 입법에 우선하거나 최소한 그와 동등한 지위에 있다고 선언하게 된 것이다.59)

---

59) Haakonssen, *art. cit.*, p.1338.

제2장

후고 그로티우스의 '정당한 전쟁'의 이론
— 개전(開戰)에 관한 법(jus ad bellum)을 중심으로 —

머리말 : 17세기 초 '정당한 전쟁'론의 사상사적 맥락

후고 그로티우스의 『전쟁과 평화의 법』은 1625년 초판이 발간되고 나서 이후 저자의 최후 수정증보판인 1646년판이 나오기까지 총 7판이 출간될 정도로 17세기 전반에 유럽의 식자층 사이에서 꾸준한 관심의 대상이었으며, 그로티우스가 이 저서에서 펼쳤던 주장 및 유럽에서의 평화정착을 위해 일반적으로 제시했던 주장 등은 실제로 30년 전쟁의 말기인 1644-1646년에 뮌스터, 오스나브뤽, 베스트팔렌 등에서 순차적으로 열렸던 평화협상 과정 중에 반영되어 나가기도 했다.[1) 바로 이런 연유에서 그로티우스의 『전쟁

과 평화의 법』은 (근대) 국제법의 발전에 지대한 공헌을 한 저술의 하나로 여겨져 오고 있는 것이다.[2]

『전쟁과 평화의 법』이 법사상사적으로 갖는 의의 중에서 본고의 고찰을 통해 특히 주목하고자 하는 점은 이 저서 안에 자연법적인 관점에서 체계화된 이른바 '정당한 전쟁'(bellum justum)의 이론이 담겨 있다는 점이다. 물론 그로티우스 이전에도 정당한 전쟁에 관해 논한 사상가들이 없지는 않았다. 멀리는 아우구스티누스(354-430)가 『신국』(De civitate Dei)에서 군인의 살상이 정당한 경우와 그렇지 않은 경우 그리고 그 밖에 정당한 전쟁에 관한 여러 가지 문제 등에 관해 논함으로써 서구의 '정당한 전쟁' 이론의 아버지 또는 창시자로 평가되기도 하고,[3] 이후 중세에는 갖은 물리력의 행사가 기독교의 이름으로 정당화되기도 하여서[4] 특히 십자군 원정이 "성전"(holy war)으로 정당화되기도 했다[5]는 것은 주지의 사실이다. 그런데 이처럼 중세를 기독교적 세계로 특징짓고 규

---

1) A. C. Campbell, "Introduction", in : Hugo Grotius, *The Rights of War and Peace : Including the Law of Nature and of Nations*, London : M. Walter Dunne, 1901, p.14.

2) Yasuaki Onuma, "Hugo Grotius : Dutch Statesman and Scholar", *Encyclopaedia Britannica*, 2017.

3) 아우구스티누스가 정당한 전쟁의 관점에서 논설을 폈던 것은 맞지만, 그렇다고 해서 그가 관련 이론을 체계화하는 작업을 했다고 보는 것은 성급한 파악이 될 것이다. 같은 취지의 지적으로는, Peter Lee, "Selective Memory : Augustine and Contemporary Just War Discourse", *Scottish Journal of Theology*, Vol. 65, No. 3 (2012), pp.309-322.

4) Frederick H. Russell, *The Just War in the Middle Ages*, Cambridge : Cambridge University Press, 1977.

5) Tomaž Mastnak, *Crusading Peace : Christendom, the Muslim World, and Western Political Order*, Berkeley : University of California Press, 2002.

정하는 역사관에서 볼 것 같으면, 아우구스티누스에서 17세기까지는 '성전 즉 정전'(holy and just war)의 시대였던 반면,[6] 17세기 이후의 전쟁은 종교적 동기에서보다는 주로 세속적 동기에서 발발되었다는 식의 도식적 사관을 취할 우려가 있다. 물론 어떤 의미에서는 '근대화는 곧 세속화의 과정'이었다고 파악하는 것이 일리가 없는 것은 아니다. 그러나 17세기의 세속화 경향을 너무 강조한 나머지 그 이전 시대의 법이론, 특히 (본고의 주제인) '정당한 전쟁'론의 종교적 성격을 실제 이상으로 부각시키는 것은 중세에도 많은 경우에 (종교적 계기 이외에도) 순수하게 외교적 계기로 전쟁이 일어나기도 했으며 또한 그 때마다 그를 정당화하는 나름대로의 법적 논거가 제시됐었다는 사실을 간과하게 할 우려가 있다. 더군다나 아메리카의 발견이 유럽의 각 군주의 영토확장의 욕구에 불을 붙이고 중앙집권화의 경향과 더불어 군사력의 확충이 지상과제로 떠오르고 있던 때에 '전쟁은 세속군주가 가진 특권 중의 하나'라고 설파하던 마키아벨리즘이 에라스무스의 평화주의(平和主義)[7]나 비토리아의 정전론(正戰論)[8]에 비해 유럽 각국의 정치권력

---

6) 이러한 통사적 관점을 취하고 있는 연구로는 Norman Housley, "*Pro deo et patria mori* : Sanctified Patriotism in Europe, 1400-1600", in : Philippe Contamine (ed.), *War and Competition between States*, Oxford : Clarendon Press, 2000.

7) 로테르담의 인문주의자 데시데리우스 에라스무스(Desiderius Erasmus, 1469-1536)는 유럽의 군주들 간에 평화적 관계가 정착될 수 있도록 애쓴 것으로 유명하다. 그의 저서 *Querela pacis* (ca. 1518) 참조 (국내에서는 『나는 평화입니다』란 제목으로 중역된 바 있다).

8) 프란시스코 데 비토리아(Francisco de Vitoria, c. 1483-1546)는 기존의 스콜라철학에서 논의되던 '정당한 전쟁'론에 바탕을 두고 그의 *Relectiones theologicae XII* 에서 전쟁법에 관해 논했다 (해당 부분은

으로부터 은근한 편애를 받고 있었음을 상기해 본다면, 17세기까지의 모든 정전론은 성전론이었다고 단순화하는 것은 어떤 의미에서는 몰역사적인 관점이며 또한 전쟁이 대부분의 경우에는 세속적 동기에서 발발되어 왔었다는 엄연한 사실을 간과하는 것이다. 그러므로 우리가 그로티우스의 정전론의 사상사적 의의를 공정하게 평가하고자 한다면, '17세기까지의 정전론은 법보다는 신학에 바탕을 두고 있었던 반면 그로티우스에 이르러 드디어 정전론이 국제법의 영역을 형성하면서 그 안에서 다루어지게 됐다'는 식의 (신학/법학의) 이분법적 접근법을 취하기보다는 16세기 이후의 정치적 변동 속에서 그로티우스의 이론이 정립된 사상사적 맥락을 종합적인 시각에서 살피는 편이 더 바람직할 것이다. 요컨대 그로티우스의 정전론은 방금 언급한바 마키아벨리즘에 대한 반론[9]으로서 한편으로는 에라스무스의 평화주의를 공유하고 다른 한편으로는 비토리아의 정전론을 방법론적으로 계승하고 있는 철학적·신학적 결정판이라고 할 수 있다. 이것은 그로티우스가 청장년 시기 내내 같은 주제를 다루면서도 내용이나 방법론적인 측면에서 깊이를 더해 가는 모습을 보여 주고 있음을 통해 확인할 수 있는 바이기도 하다. 즉 그가 스물한 살 때에 썼던 『포획법 주해』[10]에서는

1917년 카네기재단의 *Classics of International Law* 총서 중 제7권으로 영역된 바 있다).

9) 『전쟁과 평화의 법』과 기타 그로티우스의 저서에서 (필자가 아는 한) 마키아벨리가 직접 언급되거나 인용된 바는 없지만, 그로티우스 당시 유럽의 정치사상의 분위기 속에서 그로티우스가 마키아벨리즘에 대해 충분한 견문을 갖고 있었다는 것은 의심의 여지가 없다고 하겠다. H. Lauterpacht, "The Grotian Tradition in International Law", *British Year Book of International Law*, Vol. 23 (1946), pp.1-53.

'개전에 관한 법'(jus ad bellum)에 대한 기하학적 논증을 주로 펴고 있었던 반면[11] 마흔두 살 때에 출간한 『전쟁과 평화의 법』에서는 '개전에 관한 법'뿐만 아니라 '전쟁 중의 법'(jus in bello)에 관해 논할 때에 논리학적 기반 위에서 철학적·신학적 논거를 풍부히 더하고 있는 식으로 발전된 모습[12]을 보여 주고 있다는 점만 보아도 쉽게 얻을 수 있는 결론이라 하겠다.

이처럼 기존의 정전론들의 종합판이라고 할 수 있는 그로티우스의 정전론의 탄생배경으로서 당시의 시대적 변화상을 본다면, 우선 16세기 이후 화약무기의 비약적 발전과 확산이 중세식의 전쟁술을 무용하게 만들기 시작했다는 점을 들 수 있을 것이다.[13] 병사들을 총기로 무장하는 것은 칼과 방패로 무장시키는 것보다 용이했으며 이는 군대에서 병사의 수를 증가시키고 더 나아가 그 중 평민 출신 병사의 구성비율을 증대시키는 결과를 가져왔다.[14]

---

10) *De jure praedae commentarius* (1604-1608). 1864년 원고가 발견되어, 1868년에서야 초판(이하 *JPC*)이 출간된다. 보다 자세히는, Martine Julia van Ittersum, "Note on the Text", in : *Commentary on the Law of Prize and Booty*, [translated by Gwladys L. Williams (1950)], Indianapolis : Liberty Fund, 2006.

11) 洪起源, "후고 그로티우스의 法思想에 있어 自然法과 理性 : 노베르토 보비오의 홉스 테제 批判試論", 「중앙법학」 제9집 제2호 (2007.8.31.), 985-1021면.

12) Laurens Winkel, "Problems of Legal Systematization from *De iure praedae* to *De iure belli ac pacis* : *De iure praedae* Chapter II and the *Prolegomena* of *De iure belli ac pacis* Compared", in : Hans W. Blom (ed.), *Property, Piracy and Punishment : Hugo Grotius on War and Booty in De iure praedae － Concepts and Contexts*, Leiden : Brill, 2009, Ch. 3.

13) Barry Kellman, "Of Guns and Grotius", *Journal of National Security Law & Policy*, Vol. 7 (2014), pp.465-525.

그리고 이는 또한 군대 내적인 측면에서는 물론이고 외적인 측면에서도 새로운 군사규범의 도래와 정립을 가능케 했는데, 그것은 다름이 아니라 군사(軍事)를 규율하는 규범 면에서 이제 더 이상 중세의 내적(內的) 기사도가 아니라 외적(外的) 규칙이 병사들의 행위를 제한하는 근거로서 작용하게 됐다[15]는 점이다. 바로 이와 같은 변화 속에서 그로티우스는 전쟁에 관한 법이론을 체계화해야 할 필요성을 절감했던 것이다.

그로티우스가 전쟁에 관하여 논할 때에 유념했던 것은 '전쟁은 무력이 지배하는 세계이므로 법과는 아무런 관련이 없다'는 통념[16]을 배격하고 대신 무력의 세계를 법의 세계에 복속시키는 것이었다. 이것은 위에서 언급했던바 마키아벨리즘에 대한 반론의 의미도 지니는 것이었다. 단지 정치철학적인 관점에서만 그러하다는 것이 아니라, 사례(史例)를 드는 수사적 방법론에 있어서도 양자 간의 차이가 드러나며, 인간을 이기적인 존재로만 파악하느냐 아니면 사회적 욕구(appetitus societatis)[17]도 가진 존재로 파악하느냐의 인간본성론상의 차이이기도 했다. 마키아벨리즘에 대한 반론으로서의 그로티우스의 법철학을 한마디로 표현한다면 '물리력의 행사가 법의 규율을 받아야 한다면 같은 차원에서 전쟁도 법의 규율을 받아야 한다'는 것이 될 것이다. 그런데 전쟁과 법의 관계에

---

14) James Turner Johnson, "Grotius' Use of History and Charity in the Modern Transformation of the Just War Idea", *Grotiana*, Vol. 4 (1983), pp.21-34.

15) Johnson, *art. cit.* (1983), p.24.

16) *De jure belli ac pacis*, Prolegomena, 3. 이하『전쟁과 평화의 법』(이하 JBP)의 인용에서 문단번호 표기는 1667년판을 기준으로 한다.

17) *JBC*, Prolegomena, 6.

대해 그로티우스가 취하고 있는 전제는 사실 그 이상의 의미를 지니고 있었다. 왜냐하면 전보적 정의(塡補的正義, justitia expletrix)야말로 고유하고 엄격한 의미에서의 정의라고 보는 그로티우스의 정의론18)은 그로 하여금 전쟁은 법상태가 훼손됐을 때에 그를 치유할 수 있는 수단이라고까지 주장하게 만들고 있기 때문이다. 다만 여기서 주의해야 할 것은 그로티우스가 모든 전쟁이 다 전보적 정의의 추구라고 보는 것은 절대 아니라는 점이다. 오로지 정당한 전쟁만이 그러한 정의의 실천으로 인정될 수 있다고 보는 것이고,19) 바꾸어 말하자면 전쟁은 정의를 보존하고 회복하는 한도 내에서만 정당한 전쟁이 될 수 있다고 보는 것이다.

그로티우스의 위와 같은 '정당한 전쟁'의 이론 또는 전쟁과 정의 간의 관계에 대한 그의 생각이 가장 집약적으로 나타나 있는 곳은 바로 『전쟁과 평화의 법』 제1권 제2장이라고 할 수 있다. 제2장의 제목은 "전쟁을 수행함이 정당할 수 있는가"(An bellare unquam justum sit)인데, 제목처럼 제2장에서 저자의 정전론이 법적·신학적 논거에 근거하여 체계적으로 전개되고 있기 때문이다. 그런데 그로티우스가 자신의 정전론을 제시한 것은 『전쟁과 평화의 법』에서가 처음이 아니었다. 위에서 언급한 『포획법 주해』에서도 청년법학자 그로티우스가 기존의 정전론 체계와는 다른 자신만의

---

18) *JBC*, I, i, 8. 그로티우스는 아리스토텔레스의 정의의 구분을 justitia expletrix와 justitia attributrix로 재해석하고 있다. 이에 관해서 간단히는 Samuel Fleischacker, *A Short History of Distributive Justice*, Cambridge : Harvard University Press, 2003, pp.21-24.

19) *De jure praedae commentarius*, VII : "bellum justum juris sit exsecutio." 이하 『포획법 주해』(이하 *JPC*)의 인용은 1868년판을 기준으로 한다.

정전론 체계를 제시하고자 하는 포부를 펼치고 있음을 볼 수 있다. 그리하여 본고는 『포획법 주해』에서 제시된 정전론 체계에 맞추어 『전쟁과 평화의 법』에 나타난 그로티우스의 정전론의 내용을 살펴보고자 한다.

고대 그리스 이래의 '정당한 전쟁'론[20]은 전쟁의 대상(對象)과 선후(先後) 관계에 따라 '개전에 관한 법', '전쟁 중의 법', '전후처리에 관한 법'(jus post bellum) 등으로 나뉘어 설명되어 왔다. 그로티우스 역시 이 세 가지 모두 다루고 있어서, '개전에 관한 법'과 '전쟁 중의 법'은 『전쟁과 평화의 법』의 경우 그 제1권(특히 제2장)과 제2권에서 다루고 있고, '전후처리에 관한 법'은 같은 책 제3권[21]에서 다루고 있다. 본고는 그로티우스에게 있어 정당한 전쟁의 요건을 살핌에 있어 『포획법 주해』에서 정립된 체계에 따라 살펴보고자 하는데, 본고에서는 이 중 '개전에 관한 법'에 관해서 우선 고찰하고, '전쟁 중의 법'과 '전후처리에 관한 법'에 대한 그로티우스의 이론은 훗날의 고찰을 기약하고자 한다.

『포획법 주해』에서의 정전론의 체계

정전론의 역사는 아우구스티누스를 거쳐 고대 그리스와 로마에로까지 거슬러 올라가지만,[22] 그 중 전쟁이 정당화되기 위한 요건

---

20) David J. Bederman, "Reception of the Classical Tradition in International Law : Grotius' *De jure belli ac pacis*", *Emory International Law Review*, Vol. 10 (1996), pp.1-49; O'Driscoll, *art. cit.*
21) 예 : 제3권 제8장 패전국에 대한 지배에 관하여.

이 이론화된 것은 토마스 아퀴나스에 이르러서라고 할 수 있다. 토마스 아퀴나스의 정전론은 그의 『신학대전』 제2부 제2편 제40문에서 전개되고 있는데, 이 곳에서 그는 정당한 전쟁의 세 가지 요건을 다음과 같이 제시하고 있다. i) 군주의 권한 (auctoritas principis), ii) 정당한 이유 (justa causa), iii) 올바른 의도 (recta intentio) 등이 그것이다 (제40문 제1조). 토마스 아퀴나스의 '정당한 전쟁의 요건'론은 이후 정전론에 기본적인 이론틀을 제공한 것으로 여겨져 왔고 16세기 초에 들어서는 논자들 사이에서 이미 정설의 위치를 차지하고 있던 상태였다.[23] 그런데 우리에게 흥미로운 점은 청년법학자 그로티우스는 자신의 『포획법 주해』(1604-1608)에서 이와 같은 통설적인 요건체계 대신 새로운 접근법 또는 정당한 전쟁을 위한 요건의 새로운 체계를 제시하고자 하고 있다는 점이다.

『포획법 주해』는 "사람들의 교역을 파훼한 정말 잔인한 적을 정당한 전쟁을 통해 공권력으로써 올바로 징벌할 수 있는가" 여부의 문제[24]에 대해 해답을 제시하는 것을 목적으로, 그리고 궁극적

---

22) Cian O'Driscoll, "Rewriting the Just War Tradition: Just War in Classical Greek Political Thought and Practice", *International Studies Quarterly*, Vol. 59 (2015), pp.1-10.

23) Peter Haggenmacher, "Just War and Regular War in Sixteenth Century Spanish Doctrine", *International Review of the Red Cross Archive*, Vol. 32, No. 290 (October 1992), pp.434-445; Ileana M. Porras, "Constructing International Law in the East Indian Seas : Property, Sovereignty, Commerce and War in Hugo Grotius' *De iure praedae* — The Law of Prize and Booty, or 'On How to Distinguish Merchants from Pirates'", *Brooklyn Journal of International Law*, Vol. 31, No. 3 (2006), pp.741-804.

24) *JPC*, I, p.1 : "an justo in bello hostem crudelissimum, quique gentium commercia prior violarit, auctoritate publica recte spolient."

으로는 여기서 정립된 이론을 네덜란드와 포르투갈의 현안에 적용하여 해법을 도출하는 것을 목적으로 저술됐다. 청년 그로티우스는 자신이 제시할 해답이 반론의 여지가 없는 진리에 기초하고 있음을 보이기 위해 자신의 논증을 기하학적 방식으로 전개하고 있는데, 사실 『포획법 주해』 전체는 그로티우스가 같은 책 제2장에서 보인 9개의 원칙(regulae)과 13개의 법칙(leges)의 연쇄적 논증작업이라고도 말할 수 있다.25) 그리고 다른 한편으로 『포획법 주해』는 정당한 전쟁과 정당한 포획에 관해 생각할 수 있는 9가지 문제에 대해 각각 답을 제시하는 식으로 장절을 구성하고 있음도 알수 있다. 정리해 보면 아래와 같다.

『포획법 주해』의 9개 질문

제1문 (『포획법 주해』 제3장)
    제1조 정당한 전쟁이 있을 수 있는지? (An bellum aliquod justum sit)
    제2조 기독교인에 의한 [전쟁이 정당할 수 있는지?] (Christianis)
    제3조 기독교인에 대한 [전쟁이 정당할 수 있는지?] (in Christianos)
    제4조 어떤 권리에서든 [전쟁이 정당할 수 있는지?] (omni jure)

---

25) 9개 원칙과 13개 법칙의 논리구조에 관해선, 洪起源, 전게 논문, 1010-1011면 참조.

제2문 (제4장)

제1조 포획행위는 언제나 정당할 수 있는지? (An prae-
dam capere aliquando justum sit)

제2조 기독교인에 의한 [포획행위가 정당할 수
있는지?] (Christianis)

제3조 기독교인에 대한 [포획행위가 정당할 수
있는지?] (in Christianos)

제4조 어떤 권리에서든 [포획행위가 정당할 수
있는지?] (omni jure)

제3문 어떤 포획행위가 정당할 수 있는지? (Quae praeda justa
sit) (제5장)

제4문 어떤 전쟁이 정당할 수 있는지? (Quod bellum justum
sit) (제5장)

제5문 (제6장)

제1조 사전(私戰)의 어떤 발발원인이 정당한지? (Quae
justa sit causa efficiens belli privati)

제2조 공전(公戰)의 어떤 발발원인이 정당한지? (Quae
justa sit causa efficiens belli publici)

제6문 (제7장)

제1조 발발원인에 있어 어떤 전쟁대상이 개전
의욕자의 입장에서 정당할 수 있는지? (Quae sit
justa materia belli circa quam efficientibus vol-
untariis)

제2조 발발정황에 있어 어떤 전쟁대상이 개전
의욕자의 입장에서 정당할 수 있는지? (Quae sit
justa materia belli in qua efficientibus voluntariis)

제3조 발발원인에 있어 어떤 전쟁대상이 신민의

입장에서 정당할 수 있는지? (Quae sit justa materia belli circa quam subditis)

제4조 발발정황에 있어 어떤 전쟁대상이 신민의
입장에서 정당할 수 있는지? (Quae sit justa materia belli in qua subditis)

제6문의 부수적 질문 : 전쟁이 어떤 당사자에 대해서도
정당해질 수 있는지? (An detur bellum utrimque justum) (제7장)

제1조 개전 의욕자의 관점에서 (respectu voluntariorum)

제2조 신민의 관점에서 (respectu subditorum)

제7문 (제8장)

제1조 사전을 수행함에 있어 정당한 형식은 무엇인지?
(Quae sit justa forma belli privati suscipiendi)

제2조 공전을 수행함에 있어 정당한 형식은 무엇인지?
(Quae sit justa forma belli publici suscipiendi)

제3조 개전 의욕자의 입장에서 개전의 정당한 형식은
무엇인지? (Quae sit justa forma belli gerendi voluntariis)

제4조 신민의 입장에서 개전의 정당한 형식은
무엇인지? (Quae sit justa forma belli gerendi subditis)

부수적 질문 제1조 적국의 신민에 대해 어느 정도까지
공격이 허용되는지? (Quatenus liceat subditos hostium offendere)

부수적 질문 제2조 신민의 관점에서 포획행위가 어떤
당사자에 대해서도 정당해질 수 있는지? [만약
그렇다면] 어느 정도까지인지? (An detur deprae-

datio utrimque justa respectu subditorum et quate-
nus)
부수적 질문 제3조 포획물 취득이 어떤 당사자에
　　　대해서도 정당해질 수 있는지? [만약 그렇다면]
　　　어느 정도까지인지? (An praedae acquisitio justa
　　　utrimque detur et quatenus)
제8문 (제9장)
　　제1조 개전 의욕자의 입장에서 전쟁의 정당한 목적은
　　　무엇인지? (Quis sit justus belli finis voluntariis)
　　제2조 신민의 입장에서 전쟁의 정당한 목적은
　　　무엇인지? (Quis sit justus belli finis subditis)
제9문 누가 포획물을 취득할 수 있는지? (Cui praeda acquir-
atur) (제10장)
　　제1조 사전에서 (in bello privato)
　　제2조 공전에서 (in bello publico)
　　부수적 질문 : 자신의 비용·손실·위험부담으로, 자신의
　　　관원의 거행(擧行)으로, 아무런 급여의 약정
　　　없이 공전을 개시한 자는 어느 정도까지
　　　포획물을 취득할 수 있는지? (Quatenus praeda
　　　his acquiratur, qui suis impensis, damnis, periculo,
　　　suorum ministrorum opera, nulla pacta mercede,
　　　bellum publicum gerunt)
[제11-15장 네덜란드와 포르투갈 간의 관계에 대한 적용]

위와 같은 논증의 전개과정에서 청년 그로티우스가 기존의 요

건론 대신 자신의 대안을 제시하고 있는 곳은 바로 제4문에 대한 논의의 장소(제5장)에서이다. 여기서 그는 기존의 요건론들을 방법론의 관점에서 다음과 같이 분류하면서 그 각각에 대해 약간의 비판을 가하고 있다 : 먼저 i) 전쟁을 유형(genera)별로 구분하지 않고 단지 7가지 명칭(nomina)으로만 구분하고 있는 견해26)가 있는데, 이는 모든 종류의 전쟁을 이 7가지 전쟁에 다 담아 분류하지 못하고 있으며 더군다나 그 7가지 전쟁 간에도 구분의 기준이 명확하지 않다. ii) 또다른 견해는 정당한 전쟁을 단지 결정(judex)과 법(jus)에 따라 이루어지기만 하면 되는 것으로 본다. iii) 그리고 정당한 전쟁을 권한(auctoritas), 원인(causa), 의도(intentio) 등의 요건으로 고찰하는 견해가 있는가 하면, 약간 관점을 달리 하여 원인(causa), 양태(modus), 필요성(necessitas) 등의 요건으로 고찰하는 견해도 있다.27) iv) 또한 어떤 논자들은 국가를 위험에 빠뜨리지 않고서는 전쟁을 피할 수 없을 때에 최고관원(magistratus summus)의 결정과 정당한 원인에 바탕을 두고 적(국)에 대해 일정한 선전포고(indictumque denuntiatum)를 한 연후에야 전쟁을 할 수 있다고 보기도 한다.28) v) 마지막으로 어떤 논자들은 정당한 전쟁을 그 대상(res), 원인(causa), 정신(animus), 권한(auctoritas), 인물(persona) 등의 요건으로 논하기도 한다.

---

26) 그로티우스 원주 : "Gemin[ianus], in c. 1. de homic. [Decretal. in 6.5.4.] et ex illo alii qui de bello scripserunt."

27) 그로티우스 원주 : "Thom[as Aquinas], 2.2. q.40; Bart[olus], de repress.; Castr[ensis], ad 1. ex hoc. ff. de just. et jure. [D. 1.1.5.]; Pantheol. Rain. Pisani. c.1.; Wilh. Math. de bello justo et licito, in princ."

28) 그로티우스 원주 : "Joh. Lupus de bello, ex Hostiensi de treuga. [p.323]."

청년 그로티우스는 이 모든 기존의 요건론들이 각각 단점을 갖고 있다고 보고 자기 나름대로의 새로운 접근법을 제시하고자 한다. 즉 전쟁의 발발원인으로서의 네 가지 궁극적인 원인(summa quatuor causarum genera)으로써 전쟁의 정당성 여부를 판단하면 족하며, 이 때에 이 네 가지 원인 중 어느 하나라도 충족하지 못하면 정당한 전쟁이 되지 못한다는 것이다. 그 네 가지 궁극적 원인이란 i) 정당한 전쟁을 개시할 수 있는 자는 누구인지 (qui juste bellum gerant), ii) 어떠한 원인으로 어떤 대상에 대하여 (quibus de causis et in quos), iii) 어떤 방식으로, 즉 어느 정도까지 (quomodo seu quatenus), 그리고 iv) 어떤 방향으로 어떤 정신에서 (quorsum quoque animo) 전쟁을 개시했는지 여하(如何)이다. 요컨대 청년 그로티우스는 토마스 아퀴나스 이래의 전통적인 요건론의 골격을 완전히 버리지는 않고 기타 이론들을 종합하여 주체, 객체, 수단, 목적 등의 네 가지 새로운 관점에서 정당한 전쟁의 요건을 재구성해보고자 했음을 알 수 있다. 그리하여 『포획법 주해』 제5문에서 제8문까지는 이 네 가지 요건 각각에 대한 그로티우스의 논증이 전개되고 있는 것이다.29)

---

29) 이처럼 그로티우스는 청년시절부터 정당한 전쟁의 요건을 자기 나름대로의 새로운 관점을 갖고 재구성하고자 시도하고 있었음이 분명한데도 불구하고, 적지 않은 그로티우스 학자들이 여전히 그로티우스가 토마스 아퀴나스 이래의 전통적인 요건을 그대로 답습하고 있는 것처럼 기술하고 있다 (예 : Christoph Stumpf, "Hugo Grotius: Just War Thinking between Theology and International Law", in : Heinz-Gerhard Justenhoven and William A. Barbieri, Jr. [ed.], *From Just War to Modern Peace Ethics*, Berlin : Walter de Gruyter, 2012, pp.197-216). 이러한 선입견적인 파악이 향후 수정될 필요가 있음은 물론이다.

아래에서는 이 네 가지 요건에 따라 개전에 관한 법에 대한 그로티우스의 이론을 살펴보도록 한다.

그로티우스의 정전론 : 정당한 개전의 요건

1. 주체요건 : 공전(公戰)의 개전은 권한 있는 공권력에 의해
   이루어져야 한다

<u>그로티우스의 전쟁의 분류</u>

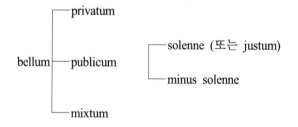

정당한 개전의 요건으로서 그로티우스가 제시한 첫 번째 요건에서 주목되는 점은 전쟁을 개념적으로 사전(私戰)과 공전(公戰)으로 구분하고 이 개념에 기반하여 정당한 개전의 요건을 설명하고 있다는 점이다.30)

---

30) *JBP*, I, iii, 1. 그로티우스는 사전과 공전이 복합된 형태(mixtum)의 전쟁도 거론하고 있는데, 여기서는 상론(詳論)하지 않겠다.

먼저 사전(privatum bellum)이란 사인 간의 전쟁을 말한다. 오늘날의 법에서는 사전이 허용되지 않지만, 그로티우스에게 있어서는 전쟁에 대한 개념정의상 사전 역시 넓은 의미에서의 전쟁에 포함되는 것이었다. 즉 키케로처럼 전쟁을 단순히 "물리력을 통한 충돌"(certatio per vim)이라고 정의[31]할 때에는 물론이고, 실제에 있어서처럼 "충돌관계에 있는 자들 간의 물리력 충돌의 상태"(status per vim certantium, qua tales sunt)라고 이해[32]할 때에도 사전을 개념상 전쟁의 범주에서 배제할 이유가 없기 때문이다.[33]

다음으로 공전(publicum bellum)이란 전쟁에 대한 관할권을 가진 자에 의해 전쟁이 개시되는 경우를 말한다. 그리고 (만민법상) 공전은 다시 엄숙한(solenne) 전쟁과 그렇지 않은(minus solenne) 전쟁으로 나뉜다.[34] 전자는 통상 정식(justum) 전쟁[35]이라 불리고 있던 것으로서 각국에서 최고권력(summa potestas)을 지닌 자에 의해서

---

31) 『의무론』 제1권 제11장.

32) *JBP*, I, i, 2. 『전쟁과 평화의 법』 제1권 제3장 제2-3절은 자연법과 복음법이 모든 사전을 위법한 것으로 보고 있는 것은 아님을 밝히고 있다.

33) 그로티우스의 『포획법 주해』가 네덜란드 동인도회사와 포르투갈 상인들 간의 무력충돌을 계기로 전자의 이익을 옹호하기 위해 저술됐다는 것은 주지의 사실이다. Porras, *art. cit.* 참조.

34) *JBP*, I, iii, 4 (이에 앞서 제1권 제2장 제4절에서도 양자 간의 구분에 대해 잠깐 언급되고 있다).

35) 그로티우스가 이를 통상의 용어법에 따라 "정식" 전쟁이라 부르지 않고 "엄숙한" 전쟁이라 부르기로 한 이유는 이 "정식"이라는 단어의 의미를 곡해할 경우 그 이외의 전쟁형태들은 비공식적 전쟁으로 여길 우려가 있기 때문이라고 한다. *JBP*, I, iii, 4. 따라서 그로티우스의 저술에서 'justum bellum'이 통상적인 용법에서의 의미로 쓰였는지 아니면 그로티우스가 말하는 '정당한 전쟁'의 의미로 쓰였는지는 문맥에 따라 구분하여 파악해야 할 것이다.

개전이 이루어지고 일정한 의례(ritus)에 따라 진행되는 전쟁을 말하며,36) 후자는 이러한 엄격한 요건을 갖추지 않거나 갖출 필요가 없는 전쟁, 즉 일정한 의례를 거침이 없이 개전이 이루어지거나 사인(私人)에 대해 전쟁이 수행되거나 혹은 개전이 최고권력자가 아닌 기타 관원의 권한 하에 이루어지는 경우의 전쟁을 말한다.

이와 같은 개념적 정의와 구분으로부터 개전에 관한 일정한 요건이 도출되는 것이며, 그로티우스에게 있어 주체의 관점에서 본 정당한 개전의 요건은 주로 공전에 관하여 기술되고 있다. 그리하여 공전, 특히 엄숙한 전쟁의 경우에는 일정한 의례를 거쳐야 한다는 것 이외에도 그 개전은 해당 국가의 최고권력자에 의해 이루어져야 한다는 것이 주요한 요건으로 제시되고 있는 것이다. 만약 이러한 요건이 미비된 채 개전이 이루어진다면 그 전쟁은 엄숙한 전쟁으로 규정될 수 없게 된다. 따라서 엄숙한 전쟁의 경우에는 그 주체는 각국의 최고권력자가 된다. 그런데 이 말이 전쟁의 주체는 오로지 최고권력자에게만 제한된다는 뜻도 아니고 또한 전쟁에 있어 최고권력자가 담당하는 역할이 개전의 명령이나 승인에만 있다는 뜻이 아님에 주의해야 할 것이다. 왜냐하면 위에서 보았다시피 그로티우스는 공전 중에서 엄숙한 전쟁과 같은 정도의 엄격한 요건을 갖추지 않아도 되는 전쟁의 경우에는 최고권력자가 아닌 일반 관원에 의해서도 개전의 명령이나 승인이 이루어질 수 있고, 또한 최고권력자의 경우 자국이 당사자가 되는 전쟁뿐만 아니라 이웃 나라의 최고권력자가 방어전(防禦戰)으로서 엄숙한 전쟁

---

36) *JBP*, III, iii에서 자세히 다루고 있다. 고대국가들의 전쟁에 있어 개전 의례에 관해 간단히는, Bederman, *art. cit.*, 1996, pp.29-35

을 수행하고 있을 시에 그 전쟁에 조력자로서 참전할 수 있다고
보기 때문이다.37)

2. 객체요건 : 전쟁을 개시하기 위한 정당한 이유와 그에
   상응하는 대상이 있어야 한다

정당한 전쟁의 두 번째 개전요건은 전쟁의 개시가 합당한 이유
에 근거하고 있어야 한다는 것이다. 정당한 이유의 예로서 그로티
우스가 제시하고 있는 것들을 내용에 따라 분류하면 첫째 자기방
어를 위한 경우,38) 둘째 자신의 권리에 대한 주장을 실행하기 위
한 경우,39) 셋째 위법행위에 대한 처벌의 경우40) 등 세 가지 경우
로 압축해 볼 수 있을 것이다. 그리고 정당한 이유의 문제는 달리
말하면 전쟁을 통해 지키고자 하거나 회복하고자 하는 대상(생명
권, 재산권, 공공질서)의 문제이기도 하다. 그 각각의 경우에 대해
구체적으로 살펴보도록 한다.
 1) 자기방어를 위한 경우 : 여기서 자기를 방어한다는 것은 생
명권의 보호를 지칭한다고 볼 수 있다. 그로티우스는 생명에 대한

---

37) *JBP*, II, xxv("다른 이들을 조력하기 위한 전쟁의 원인들")에서 우방을
    원조하기 위한 참전뿐만 아니라, 오늘날 "인도적 개입"이라고 불리는
    참전의 여러 가지 형태를 폭넓게 다루고 있다. 이 방면의 국제법이론
    의 발전사를 살펴보기 위해서는 필립 드 모르네(Philippe de Mornay,
    1549-1623)가 저술한 것으로 알려져 있는 『폭군방벌론』(Vindiciae con-
    tra tyrannos, 1579) 제4장 이후의 법사상사를 고찰해 볼 필요가 있다.
38) *JBP*, II, i.
39) *JBP*, II, ii.
40) *JBP*, II, xx-xxi.

위협에서 벗어나고자 함을 방해하는 자를 살해하는 것은 자연법에 따라서는 일반적으로 허용된다고 한다. 자신의 생명을 보존하고자 그를 위협하는 존재에 대해 맞서 싸우는 것은 자연의 본성에 부합하기 때문이다.41) 따라서 자신과 자기 가족 또는 공동체의 구성원의 생명을 지키기 위해 사인이 사전을 벌인다든지, 공권력을 담당하고 있는 자가 그 인민의 생명을 지키기 위해 적군에 맞서 공전 또는 복합전을 벌이는 것은 합당한 이유에 근거한 개전이라고 할 수 있다. 이처럼 자연법상으로는 생명의 보전이 개전의 합당한 이유를 구성한다고 하지만, 신학자로서의 그로티우스가 여기서 한 가지 더 해답을 제시하고자 했던 문제는 생명의 보전이 복음법상으로도 개전의 합당한 이유를 구성하는가 여부의 문제였다. 복음법은 일반적으로 우리에게 자연적 수준 이상의 인내를 권유하고 있는바 ― "너희 원수를 사랑하며 너희를 핍박하는 자를 위하여 기도하라"42) ― 기독교세계의 일부라고 자처하는 유럽의 국가들이 중세 때부터 부단히 전쟁을 벌여 오고 있던 상황에서 전쟁이 복음법상 허용되는지 여부의 문제 그리고 만약 허용된다면 그 제한적 요건은 어떻게 되는지 하는 문제에 대해 적절한 해답을 제시하는 것은 중차대한 의의를 띠고 있었던 것이다. 그로티우스는 이 문제에 대해 자신의 결론을 제시하기에 앞서 먼저 예비적 답변으로서 일종의 전제들을 제시하고 있다.43) 즉 그는 자연법과 복음법이 자연적 정직성(naturalis honestas)에 기반하고 있다는 점에서는 공통

---

41) *JBP*, I, ii, 3.
42) 마태복음 제4장 제44절.
43) *JBP*, I, ii, 6.

적이나 다른 한편으로는 그리스도의 율법에 따라 지게 되는 의무가 자연법 자체에 따라 지게 되는 의무에 비해 보다 높은 수준의 의무라고 하는 차이점이 있음을 인정하고 있다. 사실 많은 사람들이 이와 같은 차이점에 근거하여 전쟁은 복음법에 반한다는 주장을 펴 왔던 것이다. 그러나 이 문제에 대한 그로티우스 자신의 결론은 복음법은 전쟁 자체를 금하고 있지 않다는 것이었다.44) "너희 원수를 사랑하며 너희를 핍박하는 자를 위하여 기도하라"는 말씀도 감내할 수 있을 정도의 피해는 가능하다면 감수하라는 뜻이지 — "누구든지 네 오른편 뺨을 치거든 왼편도 돌려 대며"45) — 생명에 대한 위협까지 감수하라는 뜻은 아니었다는 것이다.46) 이런 이유로 토마스 아퀴나스도 진정한 의미에서의 정당방위일 경우에는 고살(故殺)이라고 볼 수 없다고 했던 것이다. 물론 생명의 보전을 위한 살인이 복음법의 관점에서도 무조건 허용되는 것은 아니었다. 토마스 아퀴나스에게 있어서나 그로티우스에게 있어서나 생명을 보존하고자 하는 경우에도 우리가 복음법에 충실하자면 살인 이외의 다른 수단을 우선적으로 찾아보아야 하는 것이었다. 요컨대 자신이나 가족의 생명을 지키기 위해, 또는 권한 있는 관원이 자신이 보호해야 할 의무를 지고 있는 인민의 생명을 지키기 위해 전쟁을 하는 것은 복음법 자체에 반하는 것은 아니나 전쟁에의 호소는 언제나 최후적인 수단이어야 한다는 결론에 이르게 되는 것이다.

---

44) *JBP*, I, ii, 7.
45) 마태복음 제5장 제39절.
46) *JBP*, I, ii, 8.

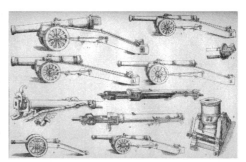

16세기의 무기들
(출처 : Otto Henne am
Rhyn, *Kulturgeschichte des
deutschen Volkes*, Zweiter
Band, Berlin, 1897, S.26/27)

2) 자신의 권리에 대한 주장을 실행하기 위한 경우 : 여기서 "권리"라 함은 주로 재산권을 지칭한다고 볼 수 있는바, 이 때에 자신의 권리를 지킨다는 것은 소극적 방어권뿐만 아니라, 다른 한 편 그 목적의 외연적 측면으로서 당해 권리의 실행을 주장하거나 또는 당해 권리에 대한 침해에 대해 원상회복권(또는 손해배상권)을 주장하는 청구권을 갖는다. 자연법에 따르면, 일정한 권원의 정당한 보유자라면 누구든지 그러한 권리를 실행할 수 있을 것이다. 그러나 국가법(jus civile) 차원에서는 사인(私人)이 이러한 권리를 직접 행사할 수 있는 것이 아니라 원칙적으로는 해당 공권력에 구제를 호소함으로써 실행해야만 한다. 그런데 국제법 관계에 있어서는 각 국가의 최고권력자 간의 권리분쟁을 해결해 줄 상급기관이 — 적어도 그로티우스의 시대에는 — 존재하지 않으므로, 각 국가의 최고권력자는 상대방에 대해 자신의 권리를 직접 실행할 수 있고 만약 이 때에 부당한 방해나 급부제공의 거부를 받은 경우에는 그 권리의 실행을 위하여 무력을 사용할 수도 있다는 것이 그로티우스의 논지이다.47)

3) 위법행위에 대한 처벌의 경우 : 생명권이나 재산권과 같은

주관적 권리에 대한 방어와 그 실행을 위한 전쟁의 개시가 정당화될 수 있는 한편, 그로티우스는 객관적 질서에 대한 침해에 대해서도 정의회복 차원에서 처벌이 가능하다고 본다. 또한 이 때에 누가 처벌권을 행사하느냐에 관해서도 방금 위에서 본 바와 같이 자연법과 국가법에서 그 취급이 다르다고 본다. 즉 자연법 하에서는 누구나 위법행위에 대한 처벌권을 가지지만, 일단 국가법질서가 확립되면 처벌권은 최고권력자가 독점하며, 보통의 경우 최고권력자의 독점적 처벌권은 사법권에 위임된다는 것이다. 전쟁이 처벌권 행사의 차원에서 이루어지는 경우에는 더욱 그러하며, 이 때에 집행자로서의 최고권력자는 전쟁의 개시에 있어 매우 신중한 숙려와 판단을 내려야 하는데, 일단 전쟁이 발발하면 아군이든 적군이든 다수의 희생자가 발생할 것이 명약관화하기 때문이다. 생명권은 위에서 본 바와 같이 그로티우스에게 있어 자연법적 해법과 성서법적 (특히 복음법적) 해법을 다르게 만드는 주요 요소였던바, 전쟁이라는 최후수단의 동원이 정당화되기 위해서는 피해자의 생명권을 보호하려는 목적이 전제되어 있어야 할 뿐 아니라 비록 가해자일지라도 그 생명 자체는 소중한 것이어서 그 생명권에 대한 침해는 위에서 살펴본 바와 같이 매우 제한적인 경우에만, 또는 정당한 법집행을 담당한 공권력의 행사에 의해서만 가능한 것이었던 것이다. 따라서 아무리 생사여탈권을 지닌 자라 할지라도 복음법의 제한을 넘어 사인(私人)이 이러저러한 경우에 절도범

---

47) Stumpf, *cap. cit.*, p.209, n.49는 이러한 논지를 보여 주는 출처로서 *JBP*, I, iv, 2 이하를 들고 있으나, 사실 해당 장절에는 본 논지를 직접적으로 보여 주는 문장은 보이지 않는다. 그렇지만 맥락 전체에 비추어 이러한 논지가 논리적으로 도출될 수 있음은 물론이다.

을 살해하는 것이 허용됨을 내용으로 하는 인법(人法)을 제정할
수는 없다고 그로티우스는 말한다. 인법에서 생사여탈권이 허용되
는 경우는 오로지 당해 위법행위가 가해자에 대한 사형(死刑)을
정당화할 정도로 중한 경우뿐이고, 인법으로써 사형이 사인(私人)
에 의해 집행되는 것을 예정해서는 안 된다는 것이다.

3. 수단요건 : 전쟁의 목적과 수단 사이에는 적절성이
   유지되어야 한다

정당한 전쟁의 세 번째 개전요건은 전쟁을 통해 달성하려고 하
는 목적과 그 수단 사이에 적절성이 유지되어야 한다는 것이다.
이 문제는 '방어의 수단은 방어의 목적에 비례해야 하는가' 하는
일반적인 문제와 연관되어 있다고 할 수 있는데, 달리 말하자면
생명의 보존과 같은 심중한 목적이 아니라 사소한 침해, 예를 들
어 모욕등을 받은 경우에 그 침해된 명예를 회복하기 위해 동원할
수 있는 수단은 어디까지인가 하는 문제인 것이다. 이 문제에 있
어서도 자연법적 해법과 복음법적 해법은 다름을 그로티우스는 지
적하고 있다. 즉 자연법에 따라서는 침해된 권리를 구제받기 위해
서 과도한 수단의 동원도 허용될 수 있는 반면에 성서의 법에 따
라서는 반드시 그러하지 아니하다는 것이다. 우선 유대인의 법에
서는 (예를 들어) 재산을 지킬 목적으로 절도범을 살해하는 것이
허용되는가의 문제에 대해서 (모세의 율법48)에 선언되었다시피)
야간에 침입한 절도범을 살해하는 것은 허용되었지만 주간에 침입

---

48) 출애굽기 제22장 제2절.

한 절도범을 살해하는 것은 허용되지 않았던 차이가 있었음을 그로티우스는 지적하고 있다.49) 같은 문제에 대해 복음법에 있어서는 유대인의 법에서보다 더욱 엄격하여 절도범을 살해하는 것이 허용되는 경우는 오로지 당해 재산에 대한 침해가 재산 보유자 자신이나 그 후손의 생명에 위협을 초래할 경우 또는 그 재산을 회복하는 데 있어 사법권의 조력을 받을 수 있는 희망이 없는 경우뿐이라고 한다. 즉 복음법에 따르면 재산을 지키기 위한 전쟁이 정당하기 위해서는 단지 재산권이 침해되었거나 침해될 우려가 현저히 높다고 해서 개전이 당연히 정당화되는 것은 아니고 그 보호의 대상이 되는 재산이 자신 또는 자신의 가족 또는 인민의 생활 유지에 절실한 경우 또는 (재산의 중요성이 그 정도에 이르지는 않을지라도) 재산의 침해를 방어하거나 침해된 재산권을 회복하는 데 있어 사법권의 조력을 받을 가능성이 희박한 경우에 한하여 그 개전이 정당화된다는 결론에 이르게 된다.

4. 목적요건 : 전쟁은 올바른 의도에서 출발해야 한다

토마스 아퀴나스가 말한 정당한 전쟁의 세 번째 요건인 "올바른 의도"(recta intentio)에 관해서 그로티우스의 『전쟁과 평화의 법』에서는 별다른 기술이 이루어지고 있지 않다. 정당한 개전의 목적요건에 관한 그로티우스의 이론을 보기 위해서는 다시 『포획법 주해』로 돌아가야만 한다. 위에서 개관했듯이, 『포획법 주해』 제8문은 전쟁의 목적(finis belli)에 관해 논하고 있는데, 여기서 청년 그로티

---

49) *JBP*, I, iii, 2.

우스는 전쟁의 정당한 목적에 관해 개전 의욕자와 신민의 입장에
서 분설하고 있는 것이다. 토마스 아퀴나스는 전쟁이 정당화되기
위해서는 당해 전쟁이 선(善)의 증진이나 악(惡)의 방지와 같은
"올바른 의도"에서 이루어져야 한다고 했다.50) 이러한 내적 동기
의 도덕성에 관해서는 청년 그로티우스도 의견을 같이 하여, 정당
한 전쟁은 "정의를 결과할 목적으로 경건한 이들이" 전쟁을 일으
키는 경우에 가능하다고 쓰고 있다.51) 또 여기서 말하는 '정의'는
사회(societas)의 입장에서는 평화(pax)라 지칭되기도 하며, 신민
(subditi)의 입장에서는 즉각적인 준수(promptum obsequium)라고 지
칭되기도 한다면서, 정의의 내용과 성격을 규정하고 있기도 하다.
즉 청년 그로티우스는 우선 정당한 전쟁은 경건한 자(들)에 의해
일으켜질 수 있는 것이라고 함으로써 전쟁의 내적 동기의 도덕적
성격을 분명히 하고 있으며, 그 다음으로 그 전쟁이 평화 또는 법
(명령)준수 등과 같은 외적 동기를 가질 때에 정당한 전쟁이라 평
가될 수 있다고 말하고 있는 것이다. 따라서 청년 그로티우스가
말하고 있는 '평화'는 아무 평화나 다 포괄하는 몰가치적 개념이
아니라 '정당하고 정직한 평화'(pax justa atque honesta)만을 의미하
는 것이다. 그리고 정당한 전쟁이 전제로 하고 있는 평화는 자국
또는 우방의 "피해를 방지"(injuriae depulsio)함에 다름 아니라고 덧
붙이고 있는 데서 다시 한 번 알 수 있다시피,52) 청년 그로티우스
에게 있어 전쟁을 통한 평화의 실현은 위에서 언급한 전보적 정의

---

50) 『신학대전』 제2부 제2편 제40문 제1조 답변.
51) *JPC*, IX, p.122 : "Justitiae fruendae causa bella a piis geruntur."
52) *JPC*, IX, p.124.

의 실행 방식으로서 정당화될 수 있었던 것이다. 결론적으로 개전 의욕자(= 최고권력자)의 입장에서 볼 때에 정당한 개전이 이루어 질 수 있는 경우는 (위에서 본 객체요건과 수단요건을 충족한 이 외에) 자국 또는 우방의 권리 보호, 즉 평화상태의 회복과 같은 정의의 실현을 목적으로 할 때라고 하는 것이 『포획법 주해』와 『전쟁과 평화의 법』에서 전개된 이론의 요점이라고 하겠다.

전쟁은 손해의 전보를 목적으로 할 때에 정당화되는 만큼 전쟁을 통한 포획의 범위도 그 한도 내에 그쳐야 한다. 만약 그 범위를 초과하여 포획을 하여 이득을 취한다든지, 아니면 그러할 목적으로 전쟁을 일으킨다든지 하는 것은 부당한 일이 될 것이라고 청년 그로티우스는 덧붙이고 있다.[53]

전쟁의 개시가 정당한 이유에 근거하고 있음에도 불구하고 만약 개전권자의 양심에 거리낌이 있다면 그것은 전쟁을 일으키려는 의도가 순수하지 않기 때문일 것이다. 즉 겉으로 내세우는 이유와 속으로 품은 목적 자체가 다르기 때문이라고 보아야 한다. 일반적으로 말해, 아무리 그 자체로는 정당한 행위라도 그 행위가 온갖 부당한 취지에서 행해진 경우에는 부당한 행위로 전환되는 법이다. 따라서 전쟁의 경우에도 전쟁당사자가 전쟁을 개시하는 데 아무리 충분한 권한을 갖고 있고 또 정당한 이유를 갖고 있다 할지라도, 부당한 의도로 전쟁을 개시했을 경우에는 부당한 전쟁이 된다. 그리고 다시 일반적으로 말해, 양 당사자가 법적으로 다툴 때에 각자가 주장하는 바가 모두 진실일 수는 논리적으로 불가능하

---

53) *JPC*, IX, p.126 : "Sed hunc praecipuum tibi scopum proponere, ut ex praeda lucrum facias, vitiosum est."

고 적어도 일방의 주장은 거짓이나 착오에 기할 수밖에 없다. 마찬가지로 전쟁의 경우에도 전쟁의 사안 자체는 전쟁당사자 모두에게 정당할 수는 없고 적어도 일방은 공수(攻守) 여하를 불문하고 올바르지 않은 의도로 인하여 전쟁에 임하게 되는 것이 보통일 것이다. 그로티우스는 이 경우에 해당 당사자는 토마스 아퀴나스가 말한바 세 번째 개전요건인 '올바른 의도'(recta intentio)를 결하여 정당하지 않은 전쟁에 임하게 된다고 보았던 것이다. 그러나 그런 경우에도 모든 전쟁당사자는 전쟁의 실행만큼은 정당한 방식으로 수행할 수 있을 것이다.

전쟁의 원인이 불명확한 경우

위에서 정전(正戰)의 객체요건으로서 살펴본 세 가지 경우가 그로티우스의 이론 내에서 전쟁의 개시를 정당화할 수 있는 정당한 이유(justa causa)들로 제시된 것들이고 그 외의 경우들은 압도적인 논거를 갖지 못하는 한 개전의 정당한 이유로 인정되지 못할 것이다. 그런데 실제에 있어서는 전쟁의 원인이 위 세 가지 이유 중의 하나로 분류되기 불명확한 경우들도 있다. 그로티우스는 이에 관해 『전쟁과 평화의 법』 제2권 제23장에서 별도로 다루고 있다. 실제에 있어 이러한 불명확한 경우들이 발생하는 이유는 직선과 곡선 사이의 중간형상이 존재하지 않는 수학에서와는 달리 ─ "inter rectum & curvum nihil est medii"[54] ─ 도덕의 영역에서는 매우 사

---

54) *JBP*, II, xxiii, 1.

소한 사정도 사안의 실체적 성격(= 질료)을 변경하기도 하여 결과
적으로 극과 극 사이에 다양한 스펙트럼을 형성하기 때문이라고
그로티우스는 말하고 있다.55) 도덕과 법의 영역에서는 "우리가 해
야 할 것과 하지 말아야 할 것 사이에 중간, 즉 허용되는 것이 존
재"하는 것이다 : "inter id quod fieri oportet & inter id quod fieri
nefas est, medium est quod licet." 이러한 중간지대에서 우리는 우
리의 선택과 결정을 판단력(vis judicatrix)에 의존하게 되며, 이 때
에 우리의 판단력은 우리의 마음이 명하는 바를 기준으로 삼게 된
다. 어떤 의미에서 보자면, 그로티우스에게 있어서는 이처럼 우리
의 마음이 명하는 바가 위에서 살펴본 세 가지 논리적 기준에 비
해 우위를 차지한다고 할 수 있다. 왜냐하면 그로티우스는 『전쟁
과 평화의 법』 제2권 제23장 제2절의 제목처럼 "우리는 우리의 마
음이 명하는 바에 반하는 그 어떤 것도 설령 실수로라도 해서는
안 된다"56)고 믿고 있기 때문이다. 그리하여 어떤 행위가 그 자체
로는 합법적 행위일지라도 행위자 스스로는 자신의 행위가 위법적
이라고 생각하는 경우에는 당해 행위를 삼가야 한다는 것이다. 그
로티우스는 이것이 바로 사도 바울이 "믿음으로 좇아 하지 아니하
는 모든 것이 죄니라"57)라고 말한 바의 뜻이라고 새기고 있다.

그런데 문제는 인간의 판단력은 신의 판단력만큼 완전하지 못

---

55) 생존의 욕구라든지 재산권의 보호와 같이 그 필요성에 관해 용이하
게 인식하고 판단할 수 있는 자연(법)의 영역과는 달리 인간의 이성은
판단이 때로는 매우 좁게, 때로는 매우 넓게 이루어지는 영역을 다룬
다고 하는 것은 그로티우스 법철학의 근간을 이루는 개념이라고 할
수 있다. *JBP*, I, ii, 1.
56) *JBP*, II, xxiii, 2 : Nihil faciendum contra animi dictamen quamvis errans.
57) 로마서 제14장 제23절.

하여 실제에 있어서는 어떻게 행위하는 것이 옳고 그른지에 대한 명확한 판단을 내리지 못하는 경우가 많다는 점이다. 이런 경우에 취할 수 있는 소극적 해법으로는 헤브라이의 교사들이 가르치듯이 선악이 불분명한 것은 아예 발생가능성을 차단하여 멀리하는 방법도 있을 수 있다. 그러나 그로티우스는 이러한 소극적 태도로써는 우리가 어찌됐든 양자택일을 할 수밖에 없는 상황에서는 아무런 도움도 얻을 수 없다고 지적하고 있다. 선택을 피할 수 없는 상황이라면 결국 우리는 차악(次惡, minus malum)을 선택함으로써 이러한 선악의 불명확성 또는 법과 양심 간의 충돌상황에서 벗어날 수 있다는 것이다. 따라서 전쟁을 개시함에 있어 정당한 이유를 갖추고 있는지 여부 또는 그러한 정당한 이유를 갖추고 있다 할지라도 개전이 인간의 양심에 저촉되지는 않는지 여부 등이 불명확하여 쉽게 판단을 할 수 없는 경우에는 일정한 의사결정의 절차와 규칙에 따라 차악의 선택이라도 해야 한다는 것이『전쟁과 평화의 법』제2권 제23장의 요지인 것이다 (이에 관한 상론은 향후의 연구과제로 남겨 두기로 한다).

소 결

이상으로 우리는『포획법 주해』와『전쟁과 평화의 법』에서 전개된 그로티우스의 정전론을 개전에 관한 법을 중심으로 살펴보았다. 이상의 고찰을 통해 알 수 있었던 바를 정리함으로써 맺음말을 대신하고자 한다.

그로티우스의 전쟁 개념에서 특기할 만한 점은 그가 전쟁을 사전(私戰)과 공전(公戰)으로 나누어 개념적으로는 사전(私戰)을 허용하고 있다는 점이었다. 혹자는 그로티우스의 이러한 개념 설정은 네덜란드 동인도회사의 개전권을 인정하려는 의도를 감추고 있다고 설명하기도 한다. 그렇지만 우리가 위에서 살펴본바, 그로티우스는 국가법과 국제법의 차원에서는 개전의 권한은 각 국가의 최고권력자 또는 당해 권한을 담당한 관원에게 국한함으로써 원칙적으로 사전을 허용하고 있지 않음을 알 수 있었다.

그로티우스를 평화론자라고 보는 것은 아직 이른 결론일 수 있겠지만, 적어도 개전에 매우 신중함을 취해야 한다는 입장에 서 있었음은 분명히 알 수 있다. 위에서 살펴본 '정당한 개전의 요건'론의 의의를 찾고자 한다면 바로 이러한 맥락에서 파악해야 하지 않을까 생각한다. 그리고 이러한 관점에서 마지막으로 첨언할 것은 그로티우스에게 있어 전쟁의 개시는 위에서 살펴본 논리적 요건 외에 우리의 양심이 요구하는 기준에 따라 다시 한 번 제한을 받게 된다는 점이다. 기독교 신자로서의 그로티우스는 심지어 타인의 생명이나 영혼의 구원을 위해서는 때로 자기 자신의 생명에 대한 애착을 포기할 줄 알아야 한다[58]고까지 말하고 있다. 이것은 기독교인이라면 당연히 그래야 하며 (신법, 복음법), 자연법 하에서도 어느 정도까지는 그러하다는 것이다. 즉 자연법 하에서도 전쟁을 일으킬 경우 그로부터 얻을 수 있는 장점과 단점을 잘 비교형량[59]하여 전쟁으로부터 얻는 단점이 장점보다 클 때에는 개전

---

58) *JBP*, II, xxiv, 1.
59) 형평이 고려돼야 함을 가리킨다. Stumpf, *cap. cit.*, p.211.

에 매우 신중을 기해야 한다는 것이며, 신법과 복음법이 전쟁을 절대적으로 금하고 있는 것은 아니지만 그리스도의 가르침의 정수를 실천하고자 한다면 경우에 따라서는 손해도 감내할 줄 알아야 한다는 것이다. 여기서 우리는 조국 홀랜드의 내전과 30년 전쟁의 풍랑 속에서 개전의 엄격한 요건을 제시함으로써 당시 대다수의 군주들이 탐욕적 전쟁에 몰두하고 있을 때에 이에 대한 자연법적·기독법적 제한을 정립하고자 했던 한 법학자의 모습을 본다.

제3장

그로티우스의 『자유해양론』(1609)과 셀든의 『폐쇄해양론』(1635)의 논거 대립

해상무역권 및 어로권을 둘러싼 17세기 초 유럽국가들 간의 충돌 및 근대 해상법이론의 형성

근대적 주권론의 주류와 그에 바탕을 둔 국제질서의 형성에 관해서는 두 가지 상반된 방향의 이해가 존재하는 듯하다. 첫 번째 이해는 국가주권의 독립성과 절대성이 대지의 자연적 경계선을 법적 경계선으로 만들었을 뿐만 아니라 해양 위의 상상적 경계선을 현실적·법적 경계선으로 만들어서는 그 위에 근대의 국제질서가 성립됐다고 보는 이해이며, 두 번째 이해는 그럼에도 불구하고 자유의 자연권성은 이러한 경계선을 넘나들 수 있게 해 주는 근거가 되어 왔으며 세계시장의 확대와 발전을 가능하게 해 준 원리가 되어 왔다는 것이다. 특히 후자의 자유주의적 관점에서 근대사를 인식하는 입장에서는 그 사적 전개의 단초를 제공한 최초의 철학자는 누구인가 또는 영향력 있는 이론은 무엇이었는가 하는 주제의 탐구에 노력을 경주해 온 연구경향을 보여 주고 있는데, 연구자마다 다양한 견해의 차가 있긴 하지만 상당수의 학자들은 그로티우스(Hugo Grotius, 1583-1645)의 자연법론 또는 자유주의가 이러한 사상적 단초를 보여 주고 있다고 파악한다. 그런데 흥미로운 사실은 자유주의적 역사관을 취하고 있는 이들 중 또한 상당수는 '현대사회가 근대 자유주의의 본래의 정신을 상실한 지 오래'라는 인식을 갖고 근대초기에 대해 일종의 향수적(鄕愁的) 태도를 보이고 있다는 점이다. 이들에게 있어 현대의 국제질서에서 보이는 갖가지 경계선 또는 장벽들은 인간의 천부적 자연권의 행사와 인간성의 발현을 방해하는 장애물로 보이기 때문에 이러한 장벽을 허무는 작업이야말로 인류의 평화에로 다가가는 길이라고 강조한다. 포스트모더니즘의 국제관계의 전략으로서 들뢰즈, 가타리, 낭시 등의 존재론을 취하고 있는 이러한 입장들은 그 사상사적 연원을 거슬러 올라가는 중에 역설적이게도 그로티우스와 자연법론과도 같은 보편적 신학을 만나게 되는 것이다.[1]

그런데 근대사상사에 대한 이러한 상식적 이해는 자유와 자연권 그리고 국가주권을 둘러싸고 전개된 사상적 대립이 갖고 있던 복잡다단한 측면을 도외시하고 있을 뿐만 아니라 각 사상이 표방

---

[1] James A. Chamberlain, "From the Freedom of the Seas to No Borders : Reading Grotius with Deleuze and Nancy", *Philosophy and Social Criticism*, Vol. 44, No. 6 (2018), pp.682-700.

하고 있던 주장과 그러한 주장을 통해 지키려고 했던 이해관계 간의 괴리에 대한 비판적 인식을 결하고 있다. 우리가 그로티우스를 비롯한 근대초기의 수많은 자연법론가들의 주장이 갖고 있는 정치경제적 배경[2])에 대한 고려 없이 단지 그들의 이론을 지묵(紙墨)을 통해서만 충분히 이해했다고 믿는 것은 순진한 독해일 뿐만 아니라 이론 자체에 대한 이해마저도 오류로부터 자유롭다고 말할 수 없게 만들 것이다.

아담 빌라어츠 (Adam Willaerts, 1577-1664),
「서아프리카 해변에서 출항하는 동인도회사 범선들」(1608)
(암스테르담 미술관 소장)

본장은 근대초기의 자연법론이 자유주의와 국가주권론의 전개와 맺고 있는 관계를 사상사적 맥락 속에서 이해하고자 하는 커다

---

2) 이에 관해서는 Richard Tuck, *The Rights of War and Peace : Political Thought and the International Order from Grotius to Kant*, Oxford : Oxford University Press, 1999. 이 책은 특히 각 자연법론가의 이론과 식민주의 간의 관계에 대해 짧지만 매우 통찰력 있는 언급들을 담고 있다.

란 목적 하에서 우선 이 관계를 극명하게 보여 줄 수 있는 사례로
서 그로티우스와 셀든(John Selden, 1584-1654)이라고 하는 두 자연
법론가의 이론을 들고자 한다. 이러한 비교가 방법론적으로 용이
한 이유는 두 자연법론가 모두 한 가지 공통된 주제에 대해 일견
서로 상반되는 주장을 담고 있는 저술을 각기 남긴 덕택인데, 해
양에 대해 국가주권이 미치는 범위에 대한 논박이 바로 그것이다.
그리하여 본고의 작은 목적은 근대 해양법의 형성에 있어서 두 가
지 상반된 법리로서 일반적으로 이해되고 있는 그로티우스의 『자
유해양론』과 셀든의 『폐쇄해양론』의 논지를 분석하기에 앞서서
각 저작이 탄생하게 된 시대적 배경을 이해해 보는 데 있다.

해양의 지배에 관한 종전의 관행에서는 바다 역시 땅처럼 국가
가 점유할 수 있는 대상에 속했다. 아드리아해(海)의 종주국은 베
니스라고 인정되었고, 리구리아해(海)는 제노바, 발트해의 각 부분
은 덴마크, 스웨덴, 폴란드 등이 각각 지배권을 행사해 왔으며 잉
글랜드는 해협을 포함한 그 근해뿐만 아니라 스페인 서안(西岸)
케이프 피니스테르(Cabo Finisterre)에서부터 남아프리카 노던 케이
프(Northern Cape)에 이르기까지의 바다에 대해 종주국임을 자처해
왔던 것이다.3) 그리고 이와 같은 전통적인 해양법을 관통하고 있
었던 법리는 선점(先占 : 점령 또는 차지, occupation)의 법리였다
고 할 수 있다.4) 그런데 이처럼 오랜 세월 동안 강대국 위주로

---

3) 이에 관한 다양한 연구로는 다음에 수록된 논문들을 참조 : Michel
Balard (ed.), *The Sea in History : The Medieval World*, Boydell Press,
2017.
4) 익명의 논문심사위원 한 분의 지적대로 현재로서 이 부분에 대한 설
명이 미흡함을 필자 역시 인정하는 바이다. 현재 필자의 학식으로써는

(적어도 겉으론) 평화롭게 유지되던 해양질서가 17세기 초 신흥국 가들이 해상활동에 새로 진입하면서부터 교란을 맞게 되었다. 이에 종전에 각 바다에 대해 종주국임을 자처해 왔던 나라들은 기존 질서의 정당성을 당연히 선점의 법리에 의거하여 그대로 관철시키려 기도했던 반면, 신참 국가들은 기득권의 근거를 뒤흔드는 새로운 법리를 들고 나왔다. 그로티우스의 『자유해양론』이 바로 이러한 전복적 이론(顚覆的理論)의 효시라고 할 수 있다. 이에 포르투갈이나 잉글랜드처럼 전통적인 법리에 근거하여 해상활동을 해 왔던 국가들은 즉각적으로 반응하지 않을 수 없었다. 우선 스페인에서는 1617년 살라망카 출신의 한 학자가 반론을 내놓았으며, 포르투갈의 경우에는 세라핌 지 프레이다스(Seraphim de Freitas)라는 수사(修士)가 1625년에 『아시아에 대한 포르투갈의 정당한 지배에 관하여』라는 제목의 저술을 출판하여5) 그로티우스의 『자유해양론』에 대한 반박을 시도한다. 그런데 전자의 반론은 무슨 이유에서인지 스페인의 펠리페 3세(Felipe III de España, 1578-1621)에 의해 폐기되었고,6) 후자의 반론은 그 논쟁사적 중요성에도 불구하고 19

이 부분을 충분히 보완하기 어려움 역시 고백하는 바이며, 이 점 향후의 연구과제로 남겨 둠에 대하여 제현(諸賢)의 너른 양해를 구한다.

5) *De justo imperio Lusitanorum Asiatico*, Vallisoleti : ex officina H. Morillo, 1625. 이에 관해서는, W. S. M. Knight, "Seraphin de Freitas : Critic of *Mare liberum*", *Transactions of the Grotius Society*, Vol. 11 (1925), pp.1-9; C. H. Alexandrowicz, *The Law of Nations in Global History*, edited by David Armitage and Jennifer Pitts, Oxford : Oxford University Press, 2017, Ch. 9, "Freitas versus Grotius (1959)".

6) 당시 펠리페 3세는 네덜란드와 평화관계를 유지하려는 정책을 취하고 있었음을 고려해 볼 때에, 위 살라망카 출신 학자의 1617년 반론은 이 정책에 반하는 내용을 담고 있었기 때문에 펠리페 3세가 출판을 허락

세기 말에 프랑스어로 번역7)되어 학계에 소개되기 전까지는 사상사에서 거의 잊혀 있었다. 대신 잉글랜드의 존 셀든이 1635년에 출판한 『폐쇄해양론』이 이후 그로티우스의 『자유해양론』에 맞선 가장 영향력 있는 저술로서 평가되고 다루어져 왔던 것이다.

알버트 카프 (Aelbert Cuyp, 1620-1691), 「동인도회사의 고참상인」 (1640년경-1660년경)
자바의 네덜란드 동인도회사 상인(Jakob Martensen으로 추정)과 그 부인 그리고 노예가 서
있고 그 뒤로 동인도회사 소속의 범선들이 네덜란드로의 회항을 준비하고 있다
(네덜란드 국립미술관 소장)

하지 않았던 것이 아닐까 추측해 볼 수 있을 것이다. Mónica Brito Vieira, "*Mare liberum* vs. *Mare clausum* : Grotius, Freitas, and Selden's Debate on Dominion over the Seas", *Journal of the History of Ideas*, Vol. 64, No. 3 (Jul., 2003), pp.361-377.

7) *Freitas contre Grotius sur la question de la liberté des mers : Justification de la domination portugaise en Asie*, par le Dr Fr. Seraphim de Freitas, ... traduit par ... A. Guichon de Grandpont, Paris : J.-P. Aillaud, Guillard et Cie, 1893.

그리하여 본장은 펠리페 3세가 네덜란드의 시장진입과 새로운 법리의 제시에 대해 이론적 대응을 미룬 연유가 무엇이었는지에 대한 연구와 세라핌 지 프레이다스의 반론에 대한 연구는 훗날을 기약하기로 하고, 이번 기회에는 단지 네덜란드의 자유해양론에 대해 잉글랜드측이 정치적으로 또한 학문적으로 어떻게 대응했는지 그리고 이러한 잉글랜드측의 이의제기에 대해 네덜란드측은 어떻게 재반박을 펼쳤는지를 살펴보는 것으로 만족하기로 한다.

후고 그로티우스의 『자유해양론』(1609) :
자연법에 근거한 자유무역론

1. 네덜란드 동인도회사의 설립(1602) 및 『포획법
   주해』(1604-1606)의 배경

암스테르담 연합회사를 비롯한 홀란드와 젤란드의 여러 무역회사들이 합병하여 네덜란드 동인도회사8)를 설립한 것은 1602년 3월이었다. 이후 홀란드의 항구도시들에서는 (아담 빌라어츠[Adam Willaerts, 1577-1664]의 화폭에 담긴) 장엄한 범선들의 출항을 보는 것이 일상사가 되어 갔고, 종착지 동인도에서는 머지않아 그 무역

---

8) Vereenigde Oost-Indische Compagnie (VOC, 1602-1800). 17세기 네덜란드 황금기를 최초의 "세계화"로 설명하고 또한 베르메르의 그림을 그 예술적 표상으로 읽어 낸 흥미로운 분석으로는, Timothy Brook, *Vermeer's Hat : The Seventeenth Century and the Dawn of the Global World*, New York : Bloomsbury Press, 2008.

의 규모와 영향력이 포르투갈에 필적하기에 이른다. 그 결과 포르투갈의 기득권과 네덜란드의 시장진입이 갈등을 겪고 무력충돌에까지 이르게 될 것은 불을 보듯 뻔한 귀결이었다. 1603년 2월 25일 새벽 싱가포르 해협에서 네덜란드 동인도회사 소속의 선장 야콥 판 헴스케르크(Jacob van Heemskerck, 1567-1607)가 포르투갈의 상선 산타 카타리나를 공격하여 항복을 받아 내고 그 선적물품을 포획하는 사건이 발생했던 것이다.9) 그런데 문제는 판 헴스케르크의 포획행위가 네덜란드 동인도회사의 승인을 받고 행한 것이 아니었으며, 더군다나 당시 네덜란드 동인도회사는 정당방위나 원상복구 이외의 경우에는 물리력의 행사를 명시적으로 금지하고 있었기 때문에 판 헴스케르크의 위와 같은 개인행동은 자칫 네덜란드 동인도회사의 입장을 곤란하게 만들 수 있었다는 점이다. 그리하여 (비록 1604년 9월 9일 암스테르담 해사법원[海事法院]에서는 위 포획물을 네덜란드 동인도회사의 이사들과 판 헴스케르크 및 선원들에게 연대귀속시키는 방향으로 회사 측에 유리한 평결이 내려졌지만) 회사 측으로서는 자신들의 입장을 국내적으로나 국제적으로 계속해서 변호해 줄 수 있는 유능한 문장가(文章家)가 필요하지 않을 수 없었다. 그런데 당시 이들의 주변에는 열다섯의 나이(1598)에 오를레앙대학교에서 법학박사학위를 받고 귀국한 다음

---

9) 해당 포획물이 1604년 가을 암스테르담에 경매에 올랐을 때에 경매가가 3백만 길더(= 3십만 파운드)에 달했다고 한다. 이 사건의 경과에 대해 자세히는, Martine Julia van Ittersum, *Profit and Principle : Hugo Grotius, Natural Rights Theories and the Rise of Dutch Power in the East Indies, 1595-1615*, Leiden : Brill, 2006, Ch. 1, "Jacob van Heemskerck's Capture of the *Santa Catarina* and Its Justification in *De jure praedae* (1604-1606)".

(비록 법학자로서의 길을 걷고 있지는 않았지만) 자신의 해박한
법률지식을 발휘하여 홀란드와 동인도회사를 위하여 일하고 있던
후고 그로티우스라는 청년이 있었던 것이다. 1604년 9월 네덜란드
동인도회사 측10)으로부터 집필의뢰를 받은 그로티우스는 곧 작업
에 착수했고, 집필의 방향과 방법에 대한 추가지침(10월 15일자)11)
도 전달받는다. 회사 측이 그로티우스에게 기대했던 글의 성격과
내용은 (1595-1597년 코르넬리스 데 하우트만12)의 자바 항해 이후)
그 동안 포르투갈인들이 네덜란드 상인들을 얼마나 괴롭혀 왔는지
낱낱이 지적하고 결론적으로는 포르투갈인들은 그에 대한 대가로
벌을 받아 마땅하다는 것을 신랄하게 주장하는 비교적 짧은 글이
었던 보이고, 그래서 되도록 빨리 출판하기를 기대했던 것으로 보
인다.13) 하지만 청년 그로티우스는 사안을 역사적인 관점에서 접

---

10) 그로티우스에게 집필을 의뢰한 얀 텐 호로텐헤이스(Jan ten
   Grootenhuys, 1573-1646)는 당시 네덜란드 동인도회사의 이사(理事) 아
   렌트 텐 호로텐헤이스(Arendt, 1570-1615)의 동생이었으며, 그로티우스
   와 네덜란드 상인들을 연결시켜 주는 역할을 했다. 자세히는 Peter
   Borschberg, *Hugo Grotius, the Portuguese, and Free Trade in the East
   Indies*, Singapore : NUS Press, 2011, Ch. 1, "Hugo Grotius, the "Oracle
   of Delft" : The Man, VOC Lobbyist, Politician and Diplomat".

11) "Van Jan ten Grootenhuys, 1604 Oct. 15", *Briefwisseling*, Vol. 1, Den
   Haag : Martinus Nijhoff, 1928, No. 53, pp.44-45; 영역(英譯)은
   Commentary on the Law of Prize and Booty, translated by Gwladys L.
   Williams with the collaboration of Walter H. Zeydel, edited and with an
   Introduction by Martine Julia van Ittersum, Indianapolis : Liberty Fund,
   2006, Appendix II, 5.

12) Cornelis de Houtman (c.1540-1599). 동인도와의 무역을 위해 항해활동
   을 벌인 네덜란드 최초의 선장. 당시 항해기록을 책으로 펴내기도 했
   다 : *Verhael vande reyse by de Hollandtsche schepen ghedaen naer Oost
   Indien*, Middelborgh : Barent Langhenes, 1597.

13) W. Ph. Coolhaas, "Een bron van het historische gedeelte van Hugo de

근하기보다는 법리적인 관점에서 접근하기를 원했다. 바로 이런 연유에서 『포획법 주해』의 전체 15장 중 제1-10장은 정당한 포획의 경우와 정당한 전쟁의 경우에 대한 이론적 접근이 주된 내용을 이루고, 제11-15장은 동인도에서의 네덜란드의 해상활동에 대한 검토가 주된 내용으로 구성되게 된 것이다.14)

애당초 회사 측에서 기대했던 것보다는 집필기간이 훨씬 길어지기는 했지만 그래도 1607-1608년경에는 『포획법 주해』의 출판을 볼 수 있었을 뻔했으나, 1608년 2월 헤이그에서 시작된 스페인과 홀란드 간의 휴전협상은 그로티우스로 하여금 『포획법 주해』의 출판에 신중을 기하게 만든다. 그러나 1609년 4월 9일 체결된 안트베르펜 휴전협정 이후에도 (그로티우스가 앞서 헤이그 협상 때에 예견했던 그대로15)) 스페인이 네덜란드에게 동인도와 서인도에서의 무역활동을 포기할 것을 지속적으로 요구하자 네덜란드 동인도 회사 측에서도 더 이상 『포획법 주해』의 출판을 미룰 수는 없었다. 그렇지만 방금 언급한 바와 같은 배경과 이유 때문에 『포획법

Groots *De jure praedae*", *Bijdragen en Mededelingen van het Historisch Genootschap*, Deel 79 (1965), pp.415-426.

14) 제11장까지는 1604년 겨울에 탈고한 것으로 짐작되며, 1606년 11월 1일 하이델베르크시의 자문위원 게오르그 미카엘 링겔샤임(Georg Michael Lingelsheim, 1556?-1636)에게 보낸 편지에서 "인도 관련 사안에 대한 소논문"을 끝마쳤다고 말한 것으로 보아 나머지 부분도 1606년 가을 즈음에 탈고한 것으로 보인다. "Aan G. M. Lingelsheim, 1606 Nov. 1", *Briefwisseling*, Vol. 1, No. 86, pp.72-73.

15) 1608년 2월 헤이그 협상 때에 이베리아의 국가들과 네덜란드 간의 동인도 무역권 조정이 의제가 되었던바, 이때에 그로티우스는 만약 휴전협정이 맺어지더라도 동인도 무역권 분쟁은 계속될 것이라고 전망했었다고 한다. Van Ittersum, "Introduction", in : Grotius, *Commentary on the Law of Prize and Booty*, *op. cit.*, 2006, p.xxi.

주해」원고 전체를 출판하는 것은 여전히 신중할 수밖에 없었고, 그 대신 젤란드 쪽의 이사들은 그로티우스에게 원고 중 자유해양론에 관한 부분만이라도 우선 출판할 것을 요청하게 된다. 그리하여 『포획법 주해』제12장이 원고 전체에서 분리되어 별도로 『자유해양론』이라는 제목으로 출판되게 됐던 것이다.

위에서 본 바와 같이 『자유해양론』은 동인도 지역에서의 포르투갈과 네덜란드 간의 충돌을 배경으로 탄생하게 된 것이지만, 훗날 포르투갈이 동인도 지역에서의 영향력이 약화됐다 해서 네덜란드의 입장에서 이 저작의 용도가 폐기된 것은 아니었다. 포르투갈이 아니더라도, 그리고 동인도 지역이 아니더라도 네덜란드의 해상활동의 규모와 지리적 범위가 확대됨에 따라 다른 나라와의 충돌이 계속해서 야기되고 있었고, 그 때마다 네덜란드측은 자신들의 입장을 옹호해 줄 법리로서 『자유해양론』을 상대방에 다시금 제시할 필요성을 갖게 됐기 때문이다.[16] 그리하여 1612-1613년 이후 잉글랜드와 네덜란드 간에 그린란드 연안에서의 어로권(漁撈權) 분쟁이 심화되어 가던 때인 1618년에 『자유해양론』의 "최종판"(ultima editio)이 출간되게 된 것이며, 여기에 덴마크의 이해관계까지 개입되어 문제가 더욱 복잡해지던 때인 1633년에는 『자유해양론』이 파울 메룰라(Paul Merula, 1558-1607)의 『해양론』(De maribus)과 마르쿠스 츠베리우스 판 복쇼른(Marcus Zuerius van Boxhorn, 1612-1653)의 『홀란드인의 항해를 위한 변론』(Pro navigationibus Hollandorum apologia)과 합본으로 다시 한 번 출간됨을

---

16) J. A. Somers and C. G. Roelofsen, "*Mare liberum* and the Dutch East India Company", *Grotiana*, Vol. 24/25 (2003/2004), pp.67-76.

본다. 특히 후자의 합본출판은 이른바 자유해양론이 그로티우스에
의해서 비로소 창안된 것이 아니라 그 이전에도 그리고 그 이후에
도 한결같이 주장되어 온 것이라는 메시지를 잉글랜드와 덴마크
기타 유럽국가들에게 전달하고자 하는 목적이 있었음을 보인다는
점에서 주목할 만하다고 하겠다.

1609년 봄 익명[17]으로 출판되게 된 『자유해양론』의 시대적 배
경은 위와 같다. 아래에서는 이와 같은 맥락을 염두에 두고 『자유
해양론』의 논지를 간단히 살펴보도록 한다.

2. 『자유해양론』(=『포획법 주해』 제12장)의 논지 :
  자연권에 기초한 사전(私戰)과 포획(捕獲)의 정당성

『자유해양론』(=『포획법 주해』 제12장)의 내용을 짧게 요약하면
다음과 같다. 즉 판 헴스케르크는 네덜란드라고 하는 주권독립국
가의 기관으로 행위한 것이기 때문에 포르투갈 상선에 대한 공격
및 포획행위는 스페인과 포르투갈의 왕 필립 3세(r. 1598-1621)를
상대로 한 공전행위(公戰行爲)였다고 볼 수 있으므로 이 같은 공
전행위가 국제법상 특별히 문제될 것이 없고, 굳이 이렇게 해석하
지 않더라도 네덜란드 동인도회사는 (무역과 항해의 자유를 포괄
하고 있는 자연법에 부합하는 한) 다른 상인들이나 심지어 주권국
가의 기관을 상대로 사전(私戰)을 벌임이 정당화될 수 있다는 것

---

17) 익명으로 출판하게 된 연유에 대한 그로티우스 자신의 설명은
"Defensio capitis quinti Maris liberi oppugnati a Guilielmo Welwodo …
capite XXVII ejus libri … cui titulum fecit Compendium legum mar-
itimarum" (c. 1615). 이 원고는 1864년 발견되어 1872년에 초판되었다.

이었다. 이와 같은 개별적 사건에서 정당성 문제를 해결하기 위해 그로티우스가 어떻게 보편적 법리(普遍的法理)를 정립하고 있는지 그리고 이와 같은 문제의식에서 출발한 그로티우스의 정전론(正戰論)이 『전쟁과 평화의 법』을 비롯한 이후의 저작에서 어떻게 전개·발전되고 있는지 등에 관해서는 기존의 연구가 있으므로,[18] 본고에서는 그에 관한 중론(重論)은 삼가고 대신 『자유해양론』, 즉 『포획법 주해』 제12장에서 판 헴스케르크 사건에 자연법적 논리를 어떻게 적용하고 있는지만 간단히 보도록 한다.

(1) 먼저 『자유해양론』 제1장에서 그로티우스는 누구든지 자유로이 항해할 수 있는 권리가 만민법(jus gentium)[19]에 따라 인정되

18) 洪起源, "후고 그로티우스의 法思想에 있어 自然法과 理性 : 노베르토 보비오의 홉스 테제 批判試論", 『중앙법학』 제9집 제2호 (2007.8.31.), 985-1021면; "후고 그로티우스의 '정당한 전쟁'의 이론 : 개전(開戰)에 관한 법(jus ad bellum)을 중심으로", 『법과 사회』 제56호 (2017년 12월), 245-271면.

19) 주지하다시피 "만민법"은 자연적 이성에 비추어 모든 인간에게 마땅하다고 생각되는 원칙에 기하여 정립된 법을 말하며, 오직 한 국가 또는 한 민족에게만 효력을 갖는 "시민법"(jus civile)과는 구분된다. 오늘날 만민법을 "국제법"이라고 번역하는 예도 많아지고 있으며 그로티우스의 용례에서도 만민법을 국제법의 의미로 사용된 예가 보이기는 하지만, 본고에서는 만민법이라는 용어에 담긴 위와 같은 철학적 의미를 유지하기 위해 "국제법"이라 번역하지 않고 그대로 "만민법"이라 쓰기로 한다. 만민법에 대한 그로티우스의 정의는, 『전쟁과 평화의 법』 서문, 17 : "모든 또는 거의 모든 국가 간에도 합의를 바탕으로 법이 성립될 수 있을 것이며 실제로 개별 국가 간 결합의 유용성이 아니라 [모든 또는 거의 모든 국가들의] 전체의 유용성을 지향하는 법이 성립된 것처럼 보이기도 한다. 이 법을 일컬어 만민법이라 부르는데, 명칭상 수차례 자연법과 구분한 바 있다. 카르네아데스는 이 부분의 법을 고려치 않고 모든 법을 자연법과 개별민족의 시민법으로 구분한 것"이다. 또한 다음의 논문집을 참조 : *Jus naturae et gentium : eine Umfrage zum Gedächtnis des Hugo Grotius, in : Zeitschrift für inter-*

어 있음을 논하고 있다. 그 자연법적 근거에 관해서는 『포획법 주해』의 전반부에서 다루었으므로 (비록 『포획법 주해』의 전체의 출판은 유보하고 있었지만) 이를 『자유해양론』 부분만을 별도로 출판하면서 그 속에 다시 담을 필요까지는 없다고 생각한 그로티우스는 만민법에 근거한 자유항해권이 홀란드인에게도 그대로 적용됨을 밝히는 것이 『자유해양론』의 목적임을 단도직입적으로 밝힌다.

(2) 그렇다면 두 번째로 밝혀야 할 것은 포르투갈인들은 인도 지역 및 주민에 대해 배타적 지배권을 가질 수 없다는 것이었다. 그로티우스는 먼저 포르투갈인들은 동인도 지역에 대해서 역사상 단 한 번도 배타적 점유권을 가질 만한 사실행위를 한 적이 없음을 상기시킨다. 동인도 지역에는 그들 나름대로의 왕과 국가 그리고 그들 나름대로의 법제와 자유가 있는데, 포르투갈이 이들을 실질적으로 복속한 사실은 한 번도 없기 때문이다. 그렇다면 포르투갈은 동인도 지역에서 주권자로서 일반적으로 행사할 수 있는 여러 가지 배타적 권리를 행사할 수 없다고 봄이 타당하다. 교역도 마찬가지이다. 포르투갈이 이 지역에서 그 동안 교역을 해 올 수 있었던 것은 동인도 지역의 주권자들이 포르투갈에게 교역의 문을 열어 주었기 때문이지 결코 포르투갈이 이 지역의 주권자로서 배타적 상권을 갖고 있었기 때문은 아니다. 따라서 네덜란드인들이 동인도 지역에서 이 지역의 주권자들과의 합의 하에 평화로운 교역활동을 벌이는 것은 만민법상 정당하다는 것이다.

포르투갈은 동인도 지역에 대한 지배권을 교황 알렉산더 6세로

nationales Recht, Vol. 24 (1925).

부터 부여받았다고 주장하기도 하는데, 교황이 그러한 것을 결정할 권한이 있는지의 문제는 차치하더라도 스페인과 포르투갈 사이의 분쟁을 해결하기 위해 교황이 중재자로 나섰을 때에 그 결정사항은 당사자들 간에만 효력을 갖는 것이지 여타 민족을 구속하는 것은 아님을 그로티우스는 지적하고 있다.[20] 1494년 토르데시야스 조약에 따라 스페인과 포르투갈이 지구를 반분했다 하더라도 그것은 어디까지나 상호간의 양해에 불과하지 실질적인 점유행위가 뒤따르지 않는 한 어느 일방도 해당 지역에 대해 영주로서의 권한을 주장할 수 없다는 것이다. 마찬가지로 이 지역의 해양 및 항해권을 교황으로부터 부여받았다고 하는 주장 역시 근거가 없다고 그로티우스는 말한다.[21] 이러한 상태에서 포르투갈이 법적으로 동인도 지역에 대한 영주권을 주장할 수 있는 마지막 근거는 포르투갈이 이 지역에 대한 지배권을 전쟁을 통해 획득했다고 하는 주장일 테지만, 이 역시 역사상으로 볼 때에 포르투갈이 이 지역에서 원주민을 상대로 전쟁을 벌였다고 하는 기록은 전혀 발견할 수 없으므로 이러한 주장 역시 포르투갈의 배타적 지배권을 정당화해 주지는 못한다는 지적을 그로티우스는 덧붙인다.[22]

(3) 이상과 같이 동인도 지역에 대한 포르투갈의 배타적 지배권을 법적·역사적 논거로써 부정한 데 이어서 그로티우스는 보다 더 근본적으로 해양의 법적 성격을 논함으로써 자신의 주장을 뒷받침하고 있다. 즉 토지나 다른 물건들과는 달리 해양은 만인공유

---

20) *Mare liberum*, cap. III.
21) *Mare liberum*, cap. VI.
22) *Mare liberum*, cap. IV.

물23)에 속한다는 것이 일반적 견해인데도 불구하고 포르투갈이 동인도 지역의 해양과 그 곳에서의 해상활동에 대해 배타적 권리를 주장할 수는 없다는 것이다. 그 근본적 성격으로 인해 만인공유물에 속하는 해양에 대해 소유권을 설정할 수 있는 것처럼 (포르투갈측이) 주장하는 것은 소유권의 개념에 대한 심각한 오해에 기인하는 것으로서, (법원칙에 충실하자면) 해양과 같은 만인공유물을 자연권적으로 향유하려는 이들에 대해 어떤 나라도 배타적 권리를 행사할 수 없다는 것이 그로티우스의 지적이다.

헨드릭 반 스카일레버프 (Hendrick van Schuijlenburgh, c.1620-1689),
「벵갈의 네덜란드 동인도회사 거점지」 (1665) (네덜란드 국립미술관 소장)

---

23) 만인공유물에 관하여 그로티우스는 훗날 자신의 『전쟁과 평화의 법』 제2권 제2장 "사람들에게 공통적으로 귀속되어 있는 것에 관하여"(De his quae hominibus communiter competunt)에서 상세히 다루고 있다. 이 점에 관해서도 훗날의 연구를 기약하는 바이다.

이제 포르투갈이 마지막으로 제시할 수 있는 법적 논거는 그들이 동인도 지역에 대한 배타적 권리를 시효취득했다고 주장하는 것일 수 있다. 그런데 이 점에 대해서도 그로티우스는 다음과 같은 이유로 근거가 없다고 지적한다. 즉 시효취득이라고 하는 것은 민사상의 법리인데 반하여 지금 문제가 되고 있는 동인도 지역에서의 포르투갈의 배타적 교역권의 존부 문제는 그 지역의 주권자들이 관련되는 공법상의 문제이므로 이를 단순하게 민사상의 법리로써 해결할 수는 없다는 지적이다. 그리고 자신의 주장을 뒷받침하기 위해 그로티우스는 다시 해양의 법적 성격을 상기시킨다. 즉 해양은 시효취득할 수 있는 대상에 속하지 않는다는 것이다.

(4) 위와 같은 논거 위에서 결론적으로 그로티우스는 모든 이는 서로 자유롭게 교역할 권리가 있음은 만민법상 인정되는 것이라고 말한다. 모든 이는 교역을 위하여 서로 자유롭게 협상할 수 있으며, 이러한 만민법적 권리는 그 누구에 의해서도 방해받아서는 안 되는 것이다. 인간은 만물의 영장으로 창조됐지만 자원에의 접근과 그 보유에 있어서는 각자 차이가 있으므로 모든 이는 자신이 필요한 물건과 권리를 확보하기 위하여 그것을 갖고 있는 타인과 협상을 할 수 있는 자연적 권리 또한 갖고 있음도 지적하고 있다.24) 그렇다면 동인도 지역의 주민들은 이와 같은 자연적 권리를 행사하기 위하여 지구상의 어느 민족과도 자유롭게 협상할 수 있는 지위를 누려야 하며, 포르투갈은 이에 대한 배타적 권리를 근거 없이 주장하여 동인도 지역의 주민들의 자연권을 제한해서는 안 된다. 즉 동인도 지역의 생산물과 이를 위한 교역은 동인도 지

---

24) 아리스토텔레스, 『정치학』 제1권 제3장.

역의 주민들의 자연권일 뿐만 아니라 지구상의 여타 모든 민족이 각기 누릴 수 있는 자연권이기도 하기 때문에 포르투갈은 네덜란드 상인들이 이 지역에서 해상활동을 하는 것을 방해해서는 안 된다는 것이다. 그리고 이 자연권은 심지어 교황이라 할지라도 제한할 수 없는 것이다. 왜냐하면 일부 교황권자들이 주장하는 것처럼 교황이 지상세계의 영주인 것이 절대 아니므로, 교황은 세상의 모든 교역활동에 대해 좌지우지할 결정권을 갖고 있지 못하기 때문이다.[25]

1613-1615년 네덜란드-잉글랜드 식민회의(植民會議)에서의 자유해양론

1. 1613년 런던 식민회의에서 그로티우스의 입장의 변화

『자유해양론』이 집필되던 1604년 겨울만 하더라도 유럽국가들 중 동아시아 해상무역에서 자웅을 겨루던 나라는 (앞에서 보았다시피) 네덜란드와 포르투갈뿐이었다. 그런데 이 책이 출판되던 1609년에 이르러서는 잉글랜드도 동아시아 해상무역에서 차지하는 비중이 점점 확대되어[26] 네덜란드와 패권을 다툴 수 있는 수준에까지 이른다. 그리고 이 경쟁에 이제는 프랑스까지 가세하여[27] 네

---

25) 그로티우스의 이와 같은 주장은 그가 속한 아르미니우스파(派)의 교리의 측면에서 고찰할 필요가 있다.

26) K. N. Chaudhuri, *The English East India Company : The Study of an Early Joint-stock Company 1600-1640*, Frank Cass & Co., 1965.

딜란드는 동아시아 해상무역 방면에서 누리고 있던 지배적 지위에 위기를 느끼지 않을 수 없었다. 그리하여 네덜란드는 동아시아에서 포르투갈은 물론 여타 유럽국가의 해상무역활동을 금지하는 독점무역정책을 표방하고 이를 어기는 외국상인은 그 선적물품을 압류하고 무력으로 현지에서 추방하는 조치를 취하기까지 했다.[28] 잉글랜드 국적의 상선도 그 대상에서 제외되지 않았고, 그리하여 네덜란드의 무역독점으로 인해 피해를 보게 된 런던의 상인들은 1611년 재무고관(財務高官, Lord High Treasurer) 로버트 세실(Robert Cecil, 솔즈버리 백작)에게 청원을 올려 잉글랜드 왕실이 사태에 개입해 줄 것을 요청하게 된다. 이들의 청원의 요지는 간단했다. 자신들 역시 "무역의 자유"(freedom of trade)를 누릴 수 있게 해 달라는 것이었다. 상인들의 청원에 로버트 세실은 즉각 반응하여 위와 같은 네덜란드의 행태는 "상업(商業)의 공동성(共同性)과 자유(自由)를 인정하는 만민법상 일반원칙"에 위배되는 것이라고 비난하면서 주(駐)네덜란드 잉글랜드 대사 랠프 윈우드(Ralph

---

27) 조지 캐루(George Carew, 1555-1629) 토트니스 백작을 위해 주불대사로 있던 윌리엄 비처(William Beecher, 1606-1609)의 보고에 따르면, 당시 4,000,000크라운 상당의 주식을 발행하여 동인도회사를 설립하고 생 말로에서 선박 네 척의 첫 출범을 준비하고 있었으며 네덜란드인 선원들을 높은 임금으로 고용하기도 하고 네덜란드 선박을 다소 구입하여 동아시아 해상무역에서 蘭佛合作을 도모하는 모양새를 취하기도 했으나 정작 네덜란드 정부는 주불 네덜란드대사를 통해 불만을 표했다고 한다. William Becher to Salisbury, Dec. 1609, *Calendar of State Papers*, Colonial Series, East Indies, China and Japan, 1513-1616, No. 469.

28) Leo Fouché, "The Origins and Early History of the Dutch East India Company (1602-1652)", *South African Journal of Economics*, Vol.. 4, No. 4 (December 1936), pp.444-459.

Winwood, 1609-1613)에게 적절한 행동을 취할 것을 지시한다.[29) 그리하여 랠프 윈우드가 네덜란드 회사의 이사들의 답변을 전달받은 것은 그로부터 약 두 달 후인 1612년 3월 초였다. 윈우드가 로버트 세실에게 보고한 바에 따르면,[30) 네덜란드 동인도회사는 잉글랜드측의 만민법적 논거에 대해서는 별다른 반박을 하지 않은 것으로 보인다. 대신 네덜란드측은 잉글랜드에 대한 유화책(宥和策)으로서 '난영(蘭英) 합자회사를 설립하여 포르투갈에 대한 공동우위(共同優位)를 차지할 것'을 제안한다.

네덜란드측의 이와 같은 우회적인 답변에 잉글랜드의 왕실과 상인들이 만족할 리 없었다. 그리하여 이제 신속한 조치를 취하지 않으면 안 될 상황에 놓였다는 것을 감지한 네덜란드측은 잉글랜드의 불만을 누그러뜨리기 위한 외교적 노력을 기울이기 시작하는데, 이 과정에서 네덜란드의 입장을 법리적으로 대변하는 역할을 담당한 이가 바로 그로티우스였다. 이미 1611년 12월에서 이듬해 8월까지 이작 카조봉(Isaac Casaubon, 1559-1614)과의 서신을 통해 잉글랜드의 왕 제임스 1세와 교류를 맺으면서 개신교의 통일을 모색하고 있던 그로티우스[31)는 이제 1613년 런던에서 열린 난영(蘭

---

29) Ralph Winwood, *Memorials of Affairs of State in the Reigns of Q. Elizabeth and K. James I*, London : T. Ward, 1725, Vol. 3, p.320.
30) *Calendar of State Papers, op. cit.*, No. 606, "Sir Ralphe Winwood to Salisbury, March 10, [1612], Hague".
31) Henk J. M. Nellen, *Hugo Grotius : A Lifelong Struggle for Peace in Church and State, 1583-1645*, Leiden : Brill, 2014. 그리고 다음의 자료집이 출간을 앞두고 있다고 하는데, 관련 분야의 연구에 필수적인 참고자료가 될 것으로 기대되는 바이다 : *The Correspondence of Isaac Casaubon in England : October 1610 to June 1614*, edited by Paul Botley and Máté Vince, 4 vol., Geneva : Droz, 2018.

英) 식민회의에서는 홀란드의 이익을 외교적으로 그리고 법리적으로 대변하는 역할을 담당했던 것이다.32) 이제 막 로테르담의 정무관(政務官)의 직(職)을 이어받은 그로티우스33)는 네덜란드 동인도회사가 파견한 세 명의 대표34)와 함께 1613년 3월 말 잉글랜드에 도착해서는35) 약 두 달 정도 체류하게 되는데, 이들이 제임스 1세에게 제출하기 위해 가져온 문서(3월 23일자)는 위에서 언급한 1611년 잉글랜드 상인들의 청원에 대한 답변을 담고 있었다. 그런데 놀라운 사실은 이 답변에서 그로티우스가 취한 입장은 자신이 예전에 『자유해양론』에서 주장했던 바와는 분명 정반대의 입장이었다는 것이다. 반면 잉글랜드측이 4월 15일36) 제1차 회의와 18일

---

32) W. S. M. Knight, "Grotius in England : His Opposition There to the Principles of the *Mare liberum*", *Transactions of the Grotius Society*, Vol. 5 (1919), pp.1-38; G. N. Clark and W. Eysinga, *The Colonial Conferences between England and the Netherlands in 1613 and 1615*, 2 vol., Lugduni Batavorum : E. J. Brill, 1940 & 1951. 한 가지 기술적인 사항에 관한 언급을 덧붙이자면, 1613-1615년 식민회의에서 의사소통은 라틴어와 불어로 이루어졌다 (*Ibid.*, pp.64-65, 100).

33) 그로티우스는 1613-1616년간 로테르담의 정무관(Pensionaris)의 직을 맡았다. *Calendar of State Papers, op. cit.*, No. 641, "Sir Ralph Winwood to the King, March 13, [1613], Hague"; Nellen, *op. cit.*, Ch. 6, "Pensionary of Rotterdam (1613-16)".

34) Reinier Pauw (1564-1636), Jacob Boreel (1552-1636), Diederic Meerman. Edwin Rabbie, "Introduction", in : Hugo Grotius, *Ordinum Hollandiae ac Westfrisiae pietas (1613)*, Leiden : Brill, 1995, p.30. 이들 중 라이니어 파우는 그로티우스의 친척이기도 했다.

35) 런던에 도착한 것은 4월 2일. Rabbie, "Introduction", p.30. 그로티우스가 제임스 1세를 알현한 것이 잉글랜드 도착 후 이틀 후라고 하니 (Knight, *art. cit.*, p.35), 그로티우스 일행이 잉글랜드에 도착한 것은 아마도 3월 31일 경이라고 볼 수 있다.

36) 당시 잉글랜드는 율리우스력을 사용하고 있었기 때문에 그레고리우스력을 사용하고 있던 유럽대륙의 국가들과는 열흘의 차이가 나고 있

자 회의에서 제시한 반박이 오히려 그로티우스의 예전 주장을 충실히 요약하여 제시하고 있었다고 말할 수 있다. 즉 잉글랜드도 다른 국가들과 마찬가지로 동인도에서 무역활동을 할 수 있는 권리를 만민법에 따라 갖고 있으며, 따라서 어떤 특정한 국가의 무역독점도 만민법에 반한다는 것이었다. 이에 덧붙여 잉글랜드는 네덜란드에 앞서 동인도 지역의 원주민들과 통상조약을 맺어 왔다는 점도 주장됐다.37)

이와 같은 잉글랜드측의 반론에 대해 네덜란드의 대표들은 어떻게 답변했는지 보자. 1) 먼저 잉글랜드가 네덜란드에 앞서 동인도 지역에서 무역활동을 해 왔다는 주장에 대해서 그로티우스는 잉글랜드의 무역활동과 같은 단순한 교역과 네덜란드의 무역활동처럼 군사력이 뒷받침되지 않고는 유지될 수 없는 교역을 구분해야 한다고 답변한다. 즉 네덜란드는 그 동안 스페인과 포르투갈과 같은 적대세력의 착취와 핍박으로부터 구해 달라는 원주민들의 요청에 따라 동인도 지역에서 혹독한 전쟁을 치르지 않으면 안 되었으며 그 과정에서 막대한 비용을 지출하게 됐는데, 이와 같은 맥락에서 네덜란드가 그 비용을 보전하기 위해 무역활동에서 어느 정도 지배적인 지위에 서는 것은 당연하다는 설명이었다. 반면 잉글랜드가 네덜란드 이전에 동인도 지역에 출현하기는 했으나 이것

었다. 본고에서는 1613-1615년 난영 식민회의의 경과를 서술함에 있어 그레고리우스력에 따라 일자 표기를 통일하기로 한다.
37) 잉글랜드측의 대표 중 외교관 크리스토퍼 퍼킨스(Christopher Perkins, 1542/43-1622)가 이와 같은 취지의 주장을 제시했던 것으로 기록되어 있다. Clark and Eysinga, *op. cit.*, Vol. 2, p.65. 퍼킨스의 약력에 관해서는, Thomas M. McCoog, "Sir Christopher Perkins [Parkins]", *Oxford Dictionary of National Biography*, 2004 (2008).

은 "철새가 지나가는 정도에 불과"했으므로 잉글랜드가 네덜란드와 평등한 권리를 주장할 수는 없고, 단지 네덜란드가 원주민들과 배타적 거래 계약을 맺고 또한 상당한 비용을 들여 요새를 구축한 곳 이외의 곳에서라면 잉글랜드 역시 자유롭게 교역활동을 벌일 수 있다고 그로티우스는 덧붙였다.[38]

2) 그리고 잉글랜드측이 인용한 만민법상 근거에 대해 그로티우스가 제시한 답변은 더욱 단호했다.[39] 즉 교역의 보편적 자유는 만민법에 의해 인정된 항구적인 원칙이라는 잉글랜드 측의 주장에 대해 그로티우스는 답변하기를 자연법과 만민법의 내용과 적용방식이 항상 분명하게 정해지는 것은 아니고 "그 상당 부분은 내용이 불확정적이어서" 일정한 의견이나 사회적 조건에 따라 정해질 때도 있다고 했던 것이다. 더 나아가 그로티우스는 모든 민족이 그 의지에 따라 국경을 정하기도 하고 그 영토 안에서 이루어지는 교역의 종류 및 상대방 등에 관해 제한을 가하기도 하고 때로는 특정한 외지인들을 교역에서 배제하기도 한다는 점을 잉글랜드 측에 상기시키고자 했다. 자신의 영토 내에서 외지인의 활동을 제한할 수 있는 것은 자연적 자유권의 본질이라는 것이다. 이와 같은 그로티우스의 주장이 그가 종전에 『자유해양론』에서 펼쳤던 주장에 본질적으로 반하는 것임은 두말할 나위가 없다. 그로티우스가

---

38) Clark and Eysinga, *op. cit.*, Vol. 2, pp.65-66. 그로티우스의 이러한 주장에 대해 퍼킨스는 '네덜란드의 배타적 교역의 구역이 광범위한 데 반해 그로티우스가 지적하는 자유구역의 범위는 그다지 넓지 않다'고 지적하면서 구역과 교역물품의 종류를 나누자는 제안을 하기도 했으나, 그로티우스는 앞에서 언급한바 네덜란드가 이미 지출한 막대한 군사비용을 근거로 하여 퍼킨스의 제안을 거절한다.

39) Knight, *art. cit.*, p.29.

홀란드의 이익을 위해서라면 상황에 따라 자신의 주장과 논리를 바꾸는 것을 서슴지 않는 인물이었는지 아니면 『자유해양론』에서는 명확히 내세워지지 않았던 논거가 이제야 비로소 표면에 떠오르게 된 것인지 여부는 좀 더 깊은 연구가 있어야 답해질 수 있는 문제이지만, 어쨌든 그가 자신의 모든 법률적·인문학적 지식을 동원하여 주장을 피력하는 능력이 뛰어났던 것은 분명한 것 같다.40)

2. 1615년 헤이그 식민회의에서의 그로티우스의 계약법리

위와 같이 1613년 런던 식민회의에서 네덜란드 대표단은 잉글랜드 왕실과 상인들을 설득하는 데 별다른 성공을 이루지 못하고 같은 해 5월 27일 런던을 떠나 귀국길에 올라야 했다.41) 그러나 언젠가 다시 난영 식민회의가 속개될 것임은 명약관화한 사실이었기 때문에 잉글랜드는 잉글랜드 나름대로, 그리고 네덜란드는 네

---

40) 아마도 바로 이와 같은 점 때문에 당시 그를 직접 만나 이야기를 나누어 본 잉글랜드인 중 일부는 그에 관해 좋지 않은 인상을 받았던 것이 아닐까 한다. 예를 들어, 캔터베리 대주교 조지 애벗 (George Abbot, 1562-1633) 같은 이는 윈우드에게 조언하기를 그로티우스는 "자기편의 특수한 입장에 너무나 경도되어 있어서 뭔가 변화를 만들어 내기 위해선 몰아치는 것도 서슴지 않"는 사람이니 그를 대할 때에 매우 조심해야 할 것이라고 했고, (또 조지 애벗이 전하는 바에 따르면) 제임스 1세는 그로티우스가 "말은 많은데 쓸 만한 판단은 갖고 있지 못한 현학자"라고 평가했다고 한다. "Archbishop Abbot to Sir Ralph Winwood, 1st June 1613, Lambeth", in : Winwood, op. cit., Vol. 3, pp.459-460; William Oldys, The Life of Dr. George Abbot, Lord Archbishop of Canterbury, Guildford : J. Russel, 1777, pp.20-21.
41) Clark and Eysinga, op. cit., Vol. 2, p.82.

딜란드 나름대로 외교적 노력을 지속한다. 우선 잉글랜드의 제임스 1세는 같은 해 여름 주(駐)네덜란드 잉글랜드 대사 윈우드를 잉글랜드로 불러들여 동인도 문제에 관해 네덜란드와 합의점을 찾는 방안을 강구토록 한다. 그리고 그로티우스는 윈우드에게 편지를 써서 그의 귀국을 제임스 1세에게 네덜란드의 입장을 다시 한 번 전달하는 기회로 삼는다. 네덜란드는 잉글랜드와 동인도 문제에 관한 분쟁을 원만히 해결하고자 한다는 뜻을 편지에 담은 것이다. 이와 같이 난영간 외교적 접촉은 계속되어 마침내 1615년초 제2차 난영 식민회의가 개최되게 되고, 이를 위해 이번에는 잉글랜드의 대표단이 해협을 건너 1월 25일 젤란드의 플라싱(Flushing)에 도착하게 된다. 그리고 여기서 다시 배를 타고 홀란드의 로테르담에 이르러서는 로테르담의 정무관 그로티우스의 마중을 받고, 여기서 다시 델프트를 거쳐 같은 달 30일 헤이그에 도착한다.

2월 16일 시작된 헤이그 식민회의에서 네덜란드 측의 대표로 참석한 7인의 위원 중 세 명은 이미 1613년 런던 식민회의에 참석한 경험이 있는 이들이었다. 그로티우스, 보릴, 미어망 등이 바로 그들이었다.42) 네덜란드 측의 제안에 따라 어로권에 관한 안건으로 회의를 시작할 수도 있었으나, 잉글랜드 측은 1613년 런던 식민회의에서 다루었던 안건에 대해 회의를 마저 진행하기를 원했다. 이때 양측이 그간에 준비하여 협상탁자에 내놓은 자료는 마치 국제법의 제원칙을 다룬 논문집을 방불케 했다. 차이점이 있다면, 그것은 그로티우스가 작성한 네덜란드 측 자료는 1613년 런던회의에서와 마찬가지로 다양한 법원리에 기초하여 화려한 수사를 동원

---

42) Clark and Eysinga, *op. cit.*, Vol. 2, p.99.

하여 예전의 주장을 반복하고 있던 반면에 추밀원 서기 클레멘트 에드먼디즈(Clement Edmondes, 1567/8?-1622)[43])가 작성한 잉글랜드 측 자료는 네덜란드 측의 주장에 이의를 제기하고 있을 뿐 해당 안건에 대한 법리적 접근은 행하고 있지 않았다는 점이다. 어찌 보면 에드먼디즈는 추밀원 서기직을 수행하는 데 필요한 최소한의 로마법 지식만을 갖고 있었을 뿐인 것 같다.[44] 예를 들어 말하자면, 에드먼디즈는 그로티우스가 동인도지역 사회로부터의 교역물자 제공과 그에 대한 네덜란드의 군사적 보호 제공의 관계를 로마법상 "do ut facias"의 법리에 근거하여 설명하고 있다고 지적하면서 잉글랜드 자신들의 주장은 반면 이 법리보다 더욱 오래된 법리인 "do ut des" 법리에 근거하고 있다고 설명하고 있는데,[45] 에드먼디즈의 이러한 대비적 설명은 로마법상 양 법리의 선후관계에 대한 잘못된 지식에 기초하고 있을 뿐만 아니라 그로티우스의 주장 자체에 대해서도 곡해를 범하고 있다고 할 수 있다. "do ut facias"의 법리나 "do ut des"의 법리나 모두 파울루스의 『법의 제문제』 제5권[46])에서 함께 논해지고 있던 것이어서 에드먼디즈의 주장처럼 "do ut des" 법리가 "do ut facias" 법리보다 더 오래된 법리라고 할 수 없을 뿐만 아니라, 더욱 중요한 점은 그로티우스가 동인도 지역에서의 네덜란드의 독점적 지위를 "do ut facias" 법리에

---

43) Stephen Porter, "Sir Clement Edmondes", in : *Oxford Dictionary of National Biography*, 2004.
44) Clark and Eysinga, *op. cit.*, Vol. 2, pp.100-101.
45) Clark and Eysinga, *op. cit.*, Vol. 1, Annexe 78, "Quatrième mémoire anglais du 16 mars 1615", pp.211-212.
46) D. 19, 5, 5 (Paulus libro quinto quaestionum).

근거해서만 정당시했다고 보기는 어려운 것이다. 만약 난영 식민 회의에 제출된 그로티우스의 작성문서와 그의 법학저술 일반을 전체적으로 살펴본다면 (잉글랜드 대표단의 눈에 그로티우스가 동인도 지역에서의 네덜란드의 독점적 교역권을 주장함에 있어 "do ut facias" 법리에만 근거했던 것처럼 보였던 것과는 달리) 오히려 그는 계약법의 법리로서 "do ut des"를 다른 법리들에 비해 가장 기본적인 법리라고 보는 관점을 취하고 있었음을 알 수 있다.

그로티우스는 계약법의 근거를 설명함에 있어 "do ut facias" 법리보다는 오히려 "do ut des" 법리에 중점을 두고 있었음을 엿보게 해 주는 몇 가지 전거를 들 수 있는데, 먼저 그의 『전쟁과 평화의 법』(1625) 제2권 제12장 제3절 제4관을 들 수 있을 것이다. 즉 『전쟁과 평화의 법』 제2권 제12장은 계약에 관한 장이고 그 중 제3절은 권리변동(permutatio)에 관해 다루고 있는 절인데, 이곳에서 그로티우스는 위 파울루스의 구분을 인용하면서 흥미롭게도 "do ut facias" 법리에 관해서는 일체의 언급을 하고 있지 않고 오로지 "do ut des", "facio ut des", "facio ut facias" 이 세 가지 법리에 관해서만 언급하고 있음을 볼 수 있다. 로마법에 밝고 논증의 방법에 철저했던 그로티우스가 "do ut facias"에 관한 언급을 실수로 누락한 것으로 보기는 어려울 것이다. 그렇다면 파울루스의 네 가지 법리 중 그로티우스가 세 가지 법리만 열거한 것을 어떻게 이해해야 할 것인가. 이 점에 관하여 장 바르베락(Jean Barbeyrac, 1674-1744)이 자신의 불어번역본에서 제시한 설명[47]은 눈여겨볼

---

47) Hugues Grotius, *Le droit de la guerre et de la paix*, Amsterdam : Pierre de Coup, 1724, II, xii, 3, 2, p.418, n.2.

가치가 있다고 하겠다. 즉 그로티우스가 파울루스의 네 가지 법리 구분에서 "do ut facias"를 뺀 것을 일견 "do ut facias" 법리를 "facio ut des" 법리와 근본적으로 같은 것48)으로 보았기 때문에 중복을 피하기 위해 둘 중의 하나만 열거했던 것이라고 생각해 볼 수도 있겠으나, 그로티우스는 "do ut des"의 경우에 해당되는 venditio49)와 "facio ut des"의 경우에 해당되는 conductio50)를 나누어 고찰하고 있는 것으로 보아서 이 두 법리의 개념적 구분에 관해서는 고대의 어떤 법률가보다 더 잘 이해하고 있었다고 보아야 한다는 것이다. 다만 그로티우스가 conductio를 '물건의 사용(usus rei)에 대한 대가로서 금전(pecunia)의 지급'이라고 정의51)하고 있는 것으로 보아 그로티우스는 conductio를 "facio ut des"의 경우에 해당한다고 보기보다는 "do ut des"의 경우에 해당한다고 본 것임을 알

---

48) 이러한 견해를 취하고 해석으로 바르베락은 다음과 같은 예를 들고 있다 : Gerard Noodt, *Ad edictum praetoris De pactis et transactionibus liber singularis*, Cap. IX (in : *Operum omnium tomus II*, Lugduni Batavorum : apud Johannem van der Linden, Juniorem, 1724, p.506, col.2 : "ita contractus do ut facias idem ei qui facio ut des appellatur"). 노오트(1647-1725)의 이 저술은 19세기 초만 해도 네덜란드 법학도에게 심화학습용으로 권장되고 있었다 (Joannes van der Linden [1756-1835], *Regtsgeleerd, practicaal, en koopmans handboek; ten dienste van regters, practizijns, kooplieden, en allen, die een algemeen overzicht van regtskennis verlangen*, Amsteldam : Johannes Allart, 1806, p.xxxix). 반면 "do ut facias" 법리와 "facio ut des" 법리를 다른 것으로 설명하고 있는 예로서 바르베락은 푸펜도르프를 들고 있다 : Samuel von Pufendorf, *De jure naturae et gentium libri octo*, Londini Scanorum : Adam Junghans, 1672, V, ii, § 9, p.618.

49) *De jure belli ac pacis* (1667), II, xii, 15.

50) *De jure belli ac pacis* (1667), II, xii, 18.

51) *De jure belli ac pacis* (1667), II, xii, 3, 4.

수 있다고 바르베락은 지적하고 있는데, 이는 본고의 관심에서 볼 때에 주목할 만한 지적이 아니라고 할 수 없다. 왜냐하면 바르베락의 이와 같은 설명은 그로티우스가 권리변동의 원인 중 "do ut des"의 경우를 다른 경우들에 비해 더욱 일반적인 것으로 파악하고 있음을 보여주기 때문이다.

그로티우스가 계약법의 근거로서 "do ut des"를 기본적인 법리로 여기고 있었음을 보여주는 두 번째 전거로서 훗날 그가 펴낸 『홀란드 법학 입문』(1631) 제3권 제31장[52]을 들 수 있다. 여기에서도 저자는 채무의 기원으로서 "do ut facias"(= geven om doen) 법리와 "do ut des"(= geven om geven) 법리를 파울루스의 설명과 마찬가지로 "facio ut facias"(= doen om doen) 법리와 "facio ut des"(= doen om geven) 법리 등과 함께 설명하고 있는데, 흥미롭게도 이곳에서도 그로티우스는 (앞서 에드먼디즈의 지적과는 달리) "do ut facias" 법리보다는 "do ut des" 법리를 채무의 기본적인 원천으로 제시하고 있는 듯이 보인다는 점을 주목해 두어야 할 필요가 있다.

이상의 고찰을 요약하자면, 그로티우스가 동인도 지역에 대한 네덜란드의 독점적 지위를 주장한 근거가 (에드먼디즈의 이해처럼) 일견 "do ut facias" 법리에 근거한 것처럼 보일 수도 있으나, 실제로는 그로티우스가 『자유해양론』에서 제시한 논거나 난영 식민회의에서 제시한 논거나 모두 파울루스의 네 가지 근거에 각기

---

52) *Inleiding tot de Hollandsche Rechts-Geleertheyd*, s'Graven-Haghe : Van Wouw, 1631, Boeck III, Deel 31, "Van geven om geven, ende namentlick van reuiling, van doen om doen, van doen om geven."

연결되어 설명될 수 있으며, 아울러 그로티우스 역시 "do ut facias" 법리보다는 (잉글랜드 측의 주장이 근거하고 있다고 에드먼 디즈가 내세운) "do ut des" 법리에 중점을 두고 자신의 계약법론을 전개하고 있었음을 알 수 있었다고 말할 수 있겠다.

존 셀든의 『폐쇄해양론』(1635) : 역사와 현실에 근거한 영해론(領海論)

1. 그로티우스와 셀든 그리고『폐쇄해양론』의 배경

잉글랜드에서 로테르담으로 돌아온 그로티우스는 요하네스 메우르시우스[53])에게 보내는 편지[54])에서 자신이 잉글랜드에서 받은 인상에 대해 다음과 같이 전하고 있다 : "그 곳에서는 문학의 교류가 매우 얄팍했으며, 신학자들이 판을 치고 궤변을 늘어놓는 법률가들이 사안을 주무르고 있었습니다. [이 점에 있어서] 카조봉만 거의 홀로 우대를 받는 위치에 있었습니다만, 그 자신이 판단하고 있다시피 이 역시 그다지 확실한 위치는 아닌 것 같았습니다. 그가 신학자로서의 역할을 떠맡지 않았다면 잉글랜드에서는 학자로

---

53) Johannes Meursius (1579-1639). 오를레앙에서 법학박사학위를 받고 1610-1620년 레이덴대학교에서 역사와 희랍어를 가르쳤다. 1611년부터는 네덜란드 의회가 임명한 관찬사가(官撰史家)로도 일했다.

54) "[Grotius] Joanni Meursio, J.C. Historiam & Linguae Graecae in Lugdunensi Academia Professori, 16 Junii 1613, Rotterodami", *Epistolae*, Amstelodami : P. & I. Blaeu, 1687, p.751; *Briefwisseling*, Vol. 1, No. 270, pp.246-247.

서 대접받지 못했을 것입니다. […] 바르클레55)조차도 부유와 빈곤
사이의 중간에 머물러 있었을 뿐이니까요." 로마법과 대륙의 인문
학적 전통 속에서 지적 소양을 쌓았던 서른 살 그로티우스의 눈에
는 로마법의 입지가 점점 줄어들고56) 대륙의 지성계의 관심사로
부터는 다소 동떨어진 주제와 방법론을 다루고 있던 잉글랜드의
지성계의 수준이 그다지 높아 보이지 않았던 듯하다. 그런데 잉글
랜드의 지성계에 대한 그로티우스의 이와 같은 평가에도 예외가
있었으니 그가 바로 존 셀든이었다.

그로티우스가 셀든의 이름과 저작을 언제 처음으로 접했는지는
정확히 알 수 없지만, 1627년 8월 22일 그가 자신의 동생 빌렘
(Willem de Groot, 1597-1662)에게 보낸 편지57)에서 다니엘 하인시
우스(Daniel Heinsius, 1580?-1655)의 『성직자 아리스타르코스』58)가

---

55) Jean Barclay (1582-1621). 프랑스 출신의 철학자·신학자로서 잉글랜드
의 제임스 1세를 위해 일한 다음(1606-1615) 교황청 공문서국(教皇廳
公文書局, Chancellerie pontificale)에서 일했다 (1615-1621). 유명한 저서
로는 제임스 1세를 위해 일할 때에 지은 다음과 같은 책이 있다 :
*Pietas, sive Publicae pro regibus, ac principibus et privatae pro
Guilielmo Barclaio parent vindiciae, adversus Roberti S. R. E. cardinalis
Bellarmini tractatum De potestate Summi Pontificis in rebus temporalibus*,
Parisiis : P. Metayer, 1612.
56) Clark and Eysinga, *op. cit.*, Vol. 2, p.56. 17세기 잉글랜드의 법학에 있
어 새로운 경향에 관해서는 다음을 참조 : Harold J. Berman, *Law and
Revolution, II : The Impact of the Protestant Reformations on the
Western Legal Tradition*, Cambridge : The Belknap Press, 2003, Ch. 8-9.
57) "Guilelmo Grotio, Jurisconsulto, 22 Augusti 1627, [Paris]", *Epistolae*,
p.798; *Briefwisseling*, Vol. 3, Den Haag : Martinus Nijhoff, 1961, No.
1166, pp.157-159.
58) *Aristarchus Sacer, sive Exercitationes ad Nonni in Joannem metaphrasin*,
Lugduni Batavorum : B. et A. Elzevir, 1627. 이 책은 성서 기록에 있어
롱기누스(Longinus, fl. 1세기)의 업적을 높이 평가하는 것을 내용으로

원용하고 있는 작가들 중에 셀든을 들고 있는 것으로 보아 적어도 이즈음에 이미 그로티우스는 성서학자 셀든59)을 탐독한 뒤였음을 알 수 있다. 이즈음 그로티우스의 학문적 관심은 고대 그리스·로마의 문학 및 기독교 교리 등이었는바60) 이 방면에서의 셀든의 업적은 해협을 넘어 대륙의 지성계에게까지 널리 알려져 인정받고 있었고 그로티우스 역시 그 평가를 공유하고 있었던 것이다.61) 셀

하고 있다.

59) 당시 다음과 같은 두 가지 저서가 종교사가(宗敎史家)로서의 셀든의 이름을 널리 알리고 있었다 : *De Diis Syris syntagmata II*, Londini : G. Stansbeius, 1617; *The Historie of Tithes ...*, [S.l.], 1618.

60) 고전학 방면으로는 그리스 희비극 작품을 라틴어로 번역하기도 하고 (*Excerpta ex tragoediis et comoediis Graecis*, Parisiis : N. Bron, 1626), 루카누스 아나이우스(Lucanus Annaeus, 39-65)의 저서를 편집하기도 했다 (*M. Annaei Lucani Pharsalia, sive De bello civili Caesaris et Pompeii lib. X.*, Amstelodami : apud Joannem Janssonium, 1626). 그리고 신학 방면으로는 기독교의 "진리"를 탐구하기도 했다 (*Sensus librorum sex, quos pro Veritate religionis Christianae*, Lugduni Batavorum : J. Maire, 1627).

61) 프랑스의 천문학자이자 고대문명학자였던 니콜라-클로드 파브리 드 페레스크(Nicolas-Claude Fabri de Peiresc, 1580-1637)와 그로티우스가 나눈 편지에서도 셀든의 업적이 높이 평가되어 언급되고 있음을 본다 : "1629 november 20, van N. C. Fabry de Peiresc", *Briefwisseling*, Vol. 4, Den Haag : Martinus Nijhoff, 1964, No. 1447, pp.126-129; "Nicolao Peirescio, Senatori apud Aquisextienses, Lutet. Paris, 6 Sept. 1630", *Epistolae ad Gallos*, Lugd. Batav. : ex officina Elzeviriorum, 1648, No. 110, pp.249-261; *Epistolae*, pp.89-91; *Briefwisseling*, Vol. 4, No. 1539, pp.255-262. 특히 후자의 1630년 9월 6일자 편지에서 그로티우스는 셀든을 가리켜 "善人 중의 最善人이자 最强市民인 셀든"(virum optimum ac civem fortissimum Seldenum faventibus bonis omnibus)이라고까지 칭송하고 있다 (이는 아런들 백작 토마스 하워드[Thomas Howard, 1586-1646]가 수집한 그리스 대리석 銘文들을 셀든이 연구한 다음의 결과물을 가리켜 칭송한 것이다 : *Marmora Arundelliana, sive Saxa Graece incisa*, Londini : typis et impensis G. Stanesbeii, 1628. 셀든의

든에 대한 그로티우스의 이와 같은 평가는 자신의 『자유해양론』에 대한 반론으로서 저술된 셀든의 『폐쇄해양론』이 출판된 이후에도 변치 않았다. 셀든의 『폐쇄해양론』이 출판된 소식을 접하고 그에 대한 재반박문을 쓸 것을 권유받았을 때에 그로티우스는 '재반박문을 쓰는 것은 바타비아인들이 하도록 맡기고 자신은 스웨덴과의 외교문제에 전념하고 싶다'고 주위 사람들에게 답변했지만,[62] 당시 왕성한 저술활동을 벌이고 있던 그로티우스가 정말 바빠서 재반박문을 쓰기 어렵다고 한 것인지 아니면 다른 이유가 있었는지는 알 수 없다. 왜냐하면 그로부터 약 4년 흐른 뒤인 1639년 2월 19일 프란치스 유니우스[63]에게 보낸 편지에서 셀든을 "제가 판단하기에 최고의 권위자"라고까지 칭하고 있는 것을 볼 때에 그로티우스는 셀든의 학문적 권위를 여전히 높게 인정하고 있었음을 알 수 있고, 심지어 『전쟁과 평화의 법』 1642년판 제2권 제2장에서 소유권의 기원으로서의 합의에 관해 논하는 자리에서 그 이전 판본에서는 언급조차 하지 않았던 셀든의 이름을 "잉글랜드의 영광"

이 저작에 나타난 법이론 및 정치사상에 관해서는 Joseph Wallace의 다음의 두 논문을 참조 : "Legal Theories and Ancient Practices in John Selden's *Marmora Arundelliana*", *Journal of the History of Ideas*, Vol. 72, No. 3 [July 2011], pp.393-412; "Astrology and Politics in John Selden's Edition of the *Marmora Arundelliana*", in : *Acta Conventus Neo-Latini Upsaliensis*, Leiden : Brill, 2012, pp.1199-1205).

62) "Aan Paul du May, 1635 augustus 10", *Epistolae*, p.171; *Briefwisseling*, Vol. 6, No. 2227, pp.148-149. 폴 뒤 메는 당시 디종 고등법원의 판사였다.

63) Francis Junius (1591-1677). 토마스 하워드의 司書였다. "Aan F. Junius, 1639 februari 19", *Epistolae*, p.508; *Briefwisseling*, Vol. 10, No. 3982, p.108 : "Seldeno, quod vir meo judicio maximus."

이라는 칭호와 함께 거명하고 있는데다[64] 그의 문제작 『폐쇄해양론』을 근거문헌으로서 제시하고 있음을 볼 때에 그로티우스가 『폐쇄해양론』에 대한 재반박문을 쓰기를 사양한 이유는 혹시 셀든의 주장에서 그로티우스 자신의 주장과 공통된 점들을 상당수 발견했기 때문이 아닐까 짐작하게도 만들기 때문이다.

아무튼 잉글랜드인 사이에서는 물론이고[65] 위에서 본 것처럼 그로티우스에게서조차 그 학식의 고귀함을 인정받고 있었던 셀든이야말로 잉글랜드 왕실의 입장에서 보기에는 네덜란드의 자유해양론에 맞서서 잉글랜드의 영해권의 역사적 근거를 밝혀 줄 적임자로 판단됐던 것이다. 그리하여 『폐쇄해양론』이 출판되기 이전에 도 이미 몇몇 저자들이 잉글랜드의 영해권을 주장하는 저서를 출판한 바가 있었음에도 불구하고[66] 찰스 1세는 셀든의 원고를 추가로 출판하기로 결정할 만한 충분한 이유가 있었던 것이다. 그러

---

64) 셀든 사후 4년에 출판된 윌리암 버튼(William Burton)의 『안토니누스의 로마제국 여행기 주해』(1658) 등 당시 잉글랜드의 많은 문헌에서 그로티우스가 셀든을 가리켜 "잉글랜드의 영광"이라고 칭했다는 얘기가 전해져 왔으나, 이 출처가 어디인지에 대해서는 명확한 언급이 없었다.

65) Ben Jonson, "An Epistle to Master John Selden" : "Monarch in letters!"; John Milton, *Areopagitica* : "the chief of learned men reputed in this land."

66) William Welwod, *An Abridgement of All Sea-Lawes : Gathered forth of All Writtings and Monuments, Which Are to Be Found among Any People or Nation, upon the Coasts of the Great Ocean and Mediterranean Sea*, London : Humfrey Louves, 1613; John Borough, *The Soueraigntie of the Seas of England Proued by Record, Historie, & the Municipiall Lawes of This Kingdome : Alsoe, A Perticular Relation Concerning the Inestimable Riches & Comodities of the Brittish Seas*, 1633.

므로 『폐쇄해양론』이 그 집필은 1618년 버킹검궁(宮)의 제안에 따라 이미 오래 전에 시작됐지만[67] 정작 출판되기까지는 17년의 상당히 오랜 세월을 기다려야 했던 것은 다른 이유에서가 아니라 오로지 1618년 이후 잉글랜드와 네덜란드, 덴마크 간의 외교관계가 미묘하게 전개되어 가던 상황으로 인해 잉글랜드 입장에서는 그 출판에 신중을 기할 수밖에 없었기 때문이라고 보아야 할 것이다. 그리고 훗날 『폐쇄해양론』의 영역본의 출판[68]도 마찬가지 맥락에서 살펴볼 여지가 있다고 하겠다.

2. 『폐쇄해양론』의 논지 :
   선례에 기초한 잉글랜드 군왕의 영해권 (領海權)

그로티우스의 『자유해양론』이 경제적 관심으로써 정치적 관심을 포장하고 있었다면, 셀든의 『폐쇄해양론』은 정치적 관심으로써 경제적 관심을 포장하고 있었다고 할 수 있다. 즉 셀든이 바다의 영유화 가능성을 논한 것은 일차적으로는 잉글랜드와 그 국왕의

---

67) Eric G. M. Fletcher, "John Selden (Author of *Mare clausum*) and His Contribution to International Law", *Transactions of the Grotius Society*, Vol. 19 (1933), pp.1-12.

68) *Of the Dominion, or, Ownership of the Sea*, Two Books, translated into English by Marchamont Nedham, London : William Du-Gard, 1652; *The Right and Dominion of the Sea*, in Two Books, [edited] by J[ames] H[owell] Gent[leman], London : Andrew Kembe and Edward Thomas, 1663. 이 두 번역본의 비교 및 출판배경에 관한 간단한 설명으로는, David J. Padwa, "On the English Translation of John Selden's *Mare clausum*", *The American Journal of International Law*, Vol. 54, No. 1 (Jan., 1960), pp.156-159.

주권에 대한 확신에 기초하고 있고 또한 그 주권의 보호를 궁극적 목적으로 하고 있지만, 셀든이 명확히 의식하고 있었든 아니든 간에 영해권의 핵심은 영유의 대상이 되는 바다로부터 얻을 수 있는 경제적 이익에 대해 누가 배타적 권리를 행사할 수 있는가의 문제였다는 뜻이다.[69]

그로티우스와 셀든의 법철학상 또 다른 차이점을 든다면, 그로티우스가 자연법의 불변적 원리에 자유해양론을 근거지우려 했다면 셀든은 영해권의 근거를 관습(mores)에서 찾고자 했다는 점이다.[70] 그렇다고 해서 셀든이 자연법의 개념을 부정하고 있었던 것은 아니다. 셀든에게 있어 자연법은 노아의 율법에서 언명되어 있다시피 인간이라면 누구나 지켜야 할 도덕적 원칙을 뜻했다.[71] 그런데 여기서 주의해야 할 점은 셀든은 자연법의 모든 부분이 다 확정적으로 정해져 있는 것은 아니라고 보았다는 것이다. 자연법과 만민법 중의 어떤 부분(jus permissivum)은 내용적으로 유연하여서 시대와 민족에 따라 그 언명되는 내용과 방식이 구체적으로 다

---

69) 이 점에 있어서 그로티우스의 관심과 셀든의 관심을 경제와 정치라는 이원적인 기준으로 구분하는 관점(예를 들어, Ernest Nys, *Les origines du droit international*, pp.385-386; Jonathan Ziskind, "International Law and Ancient Sources : Grotius and Selden", p.538)은 실익이 적다고 하겠다.

70) *Mare clausum*, I, viii.

71) *De jure naturali & gentium, juxta Disciplinam Ebraeorum, libri septem*, Londini : Richardus Bishopius, 1640. 셀든은 그리스법이나 로마법과 마찬가지로 자연법도 성경과 탈무드에 기록된바 노아의 일곱 가지 율법에 포섭된다고 설명했다. Abraham Berkowitz, "John Selden and the Biblical Origins of the Modern International Political System", *Jewish Political Studies Review*, Vol. 6, No. 1-2 (Spring 1994), pp.27-47.

를 수 있다고 생각했던 것이다. 노아의 율법과 같은 자연법에서는 그 내용 어디에도 바다에 대한 영유를 금지한다든지 아니면 반대로 반드시 인정해야 한다든지 하는 등의 규정은 없다. 그렇다면 영해권은 자연법에 따라서도 얼마든지 허용될 수 있는 권리 중의 하나이고, 그 허부(許否)는 시대와 민족에 따라, 즉 관습에 따라 다를 수 있다는 것이다. 이처럼 셀든은 영해권의 근거를 역사와 사회 속에서 찾으려 했기 때문에 그 논증방식도 그로티우스의 연역적 방법과는 달리 귀납적 방법을 취한다. 그리하여 두 권으로 구성되어 있는 『폐쇄해양론』의 구성을 보면, 그 제1권은 "바다는 자연법 또는 만민법상 만인공유(萬人共有)가 아니라 토지처럼 사적 지배(私的 支配), 즉 소유(所有)의 대상이 될 수 있음"을 고대와 근대의 역사적·법적·문학적 자료를 통해 귀납적으로 밝히고 있고, 제2권은 "브리타니아 제국의 부속물로서의 근해(近海)의 주인은 바로 대(大)브리타니아의 왕"임을 관련 자료를 통해 또한 귀납적으로 밝히고 있는 논지전개의 구성을 취하고 있음을 알 수 있다. 그리고 흥미롭게도 이것은 그로티우스의 『포획법 주해』의 구성과 대칭적 구조를 갖고 있음을 볼 수 있다. 즉 『포획법 주해』의 전반부에서는 해양의 만인공유성(萬人共有性)이 자연법의 보편적 원리에 근거하고 있다고 주장된 데 대하여 『폐쇄해양론』 제1권은 영해권(領海權)이 인류의 보편사적 교훈에 의해 증험되고 있다고 주장하고 있는 것이며, 『포획법 주해』 후반부가 일반적 법리를 동인도 사안과 같은 개별적 경우에 적용하여 공해(公海) 지역에서의 국제관계가 어떤 방향으로 질서 지워져야 할지 논하고 있다면 『폐쇄해양론』 제2권은 보편사의 흐름 속에 잉글랜드의 역사와 경험을 포섭시킴으로써 잉글랜드의 영해권(領海權)의 존재와 정당성을 증명하고 있는 것이다.

먼저 셀든은 "폐쇄"(clausum)라고 하는 단어의 의미를 역사적으로 고찰한다. 보편사와 개별사의 접점에서 가장 멀리 거슬러 올라가서 찾을 수 있는 예로서 셀든은 브리타니아의 로마 사령관 퀸투스 페틸리우스 케리알리스(Quintus Petillius Cerialis, c.30-c.83)가 트레베리 (Treveri) 부족과 링고네스 (Lingones) 부족이 로마의 조세에 저항하여 봉기했을 때에 이들에게 '로마와 피지배 부족 간에는 조세 이외에는 그 어떤 것도 독립적이거나 폐쇄적이지 않다'고 말했던 것을 들고 있다.[72] 즉 로마의 군사적 지배에도 불구하고 대부분의 것들은 공유의 상태로 존속되지만 군사를 통한 평화의 유지를 위해서는 조세의 부과가 필요하고 이 조세권이야말로 로마의 배타적 권리라는 것인데, 이때에 케리알리스가 사용한 "폐쇄적"이라는 단어가 그러한 배타적 권리의 속성을 잘 나타내 주고 있다는 것이고, 또한 이러한 단어와 개념의 사용이 로마시대부터 브리타니아, 벨기에 그리고 갈리아 지역에 적용되어 왔음을 예증하고 있는 것이다. 만약 독자 중에 비유럽문명의 역사 속에서 이 같은 용례를 찾고자 하는 이가 있다면 셀든은 그를 위해 페르시아의 크세르크세스가 백성에게 땅과 물을 요구한 관례를 들어[73] 동양에서

---

72) *Mare clausum*, Praefatio. 타키투스, 『역사』 제4권 제74절 : "nam neque quies gentium sine armis neque arma sine stipendiis neque stipendia sine tributis haberi queunt: cetera in communi sita sunt. ipsi plerumque legionibus nostris praesidetis, ipsi has aliasque provincias regitis; nihil separatum clausumve."

73) *Mare clausum*, I, xii.

도 오래 전부터 영해의 관념이 존재해 왔음을 보인다.

1726년판 『전집』(Opera omnia)에 실린 존 셀든의 초상화 (사진 : 텍사스 Tarlton Law Library)

이와 같은 인류사적 예증으로써 영해권의 존재 및 근거를 밝힌 다음 『폐쇄해양론』 제2권에서는 대(大)브리타니아에서도 영해권이 인정되어 왔음을 밝히고 있다.[74] 이를 위해 셀든은 브리타니아가 로마에 복속되기 이전의 시대에 대한 고찰에서부터 시작하고 있는 데,[75] 그에 따르면 고대 브리턴족은 이미 로마에 복속되기 이전부터 브리튼 제도(諸島)의 근해, 특히 남해와 동해에 대한 영유권을 행사해 왔다고 한다. 그러므로 브리타니아 제국을 구성하는 것은 땅뿐만 아니라 바다도 포함하여 이 양자가 일체로서 하나의 주권 국가를 이루고 있었다는 설명이다.[76] 로마 황제 클라우디우스

---

74) *Mare clausum*, II, i.
75) *Mare clausum*, II, ii.

(Claudius) 이후 브리타니아가 로마에 복속됐을 때에도 이것은 영토권과 영해권이 일체로서 복속됐음을 의미하지[77] 양자가 분리되어 별개로 취급됐다고 생각할 수는 없는 것이다. 이 말은 역으로 브리타니아가 로마로부터 독립했을 때에도 역시 고대 브리턴족이 향유했던 영토권과 영해권을 불가분적으로 회복했음을 의미한다.[78] 그 다음으로 셀든은 앵글로-색슨족과 데인족(Danes)이 브리타니아의 바다, 특히 남해에 대한 영유활동을 활발히 전개했음을 보이고 있는데,[79] 이것은 다른 한편 영해권이 단지 관념적으로만 존재해 왔던 것이 아니라 실제로 당해 민족의 부단한 권리행사로 인해 그 권리의 존재와 귀속주체가 확인되어 왔음을 보이는 것이었다. 그리고 앵글로-색슨족의 영해권이 사적 권리의 행사에 머문 것이 아니라 공적 권리로서 제도화된 것임을 보여 주는 예로서 셀든은 앵글로-색슨족이 해군을 유지하기 위해 그 가신(家臣)들로부터 조세를 거둔 사실을 들고 있다.[80] 이것은 앞에서 언급한 로마 사령관 케리알리스의 연설에서 보았다시피 셀든은 조세권이야말로 주권의 주요한 표지 중의 하나라고 보고 있는 것이고, 해군의 평화적인 유지와 같은 정당한 목적을 위해 조세권이 행사됐다는 사실이야말로 앵글로-색슨족이 바다에 대한 영유권을 보유·행사하고 있었음을 명백히 보여 주는 것이라고 생각하고 있었음을 알 수 있다. 만약 이와 같은 사실적 관행만으로는 영해권의 존재를 확증

---

76) *Mare clausum*, II, iii.
77) *Mare clausum*, II, iv-vi.
78) *Mare clausum*, II, ix.
79) *Mare clausum*, II, x.
80) *Mare clausum*, II, xi.

하는 데 부족하다고 느끼는 독자가 있다면, 셀든은 그를 위해 잉글랜드의 역대 왕들 중 잉글랜드의 영해권에 대해 명시적으로 선언한 예를 듦으로써 잉글랜드에서 영해권은 의사법적(意思法的)으로도 근거를 확보하고 있음을 보이고 있다. 에드가(Edgar, r. 959-975)는 잉글랜드인이 고래로부터 근해에 대한 지배권을 보유해 왔음을 선언했는바 바로 이러한 예가 잉글랜드인에게 있어 영해권은 단지 사실적 관행에 머무는 것이 아니라 잉글랜드인 스스로 그 권리를 주체적으로 인식하고 또한 주장해 왔음을 보여 주는 실례였던 것이다.

소 결

이상에서 살펴본 내용을 요약하기보다는 맺음말을 대신하여 향후 연구과제로 제시될 수 있는 몇 가지 주제에 대해 간단히 언급하고자 한다.

첫째 위에서 살펴본 논쟁사의 맥락 속에 그로티우스의 『전쟁과 평화의 법』의 출판이 갖는 의의를 위치 지워 볼 수 있지 않을까 한다. 즉 1625년에 그로티우스의 펴낸 『전쟁과 평화의 법』은 그 제목과는 달리 영해권에 관한 내용을 상당 부분 담고 있는데, 그 논지를 면밀히 살펴보면 그 주장의 내용이 『포획법 주해』 또는 『자유해양론』에서 제시한 주장과는 다소 배치되는 측면이 없지 않음을 발견할 수 있다는 것이다. 다시 말하면,『포획법 주해』에서보다는 『전쟁과 평화의 법』에서 통상의 자유에 대한 규제의 가능성

을 의사주의적 관점에서 넓게 인정하고 있음을 알 수 있다는 점이
다.81) 그리고 1625년이라는 출판년도가 우연인지 아닌지 『자유해
양론』에 대한 세라핌 지 프레이다스의 반론이 출판된 해와 일치하
며, 1635년에 셸든의 『폐쇄해양론』이 출판된 다음에 그로티우스가
『전쟁과 평화의 법』의 수정판을 두 차례 더 준비했다는 사실에서
우리는 그로티우스가 『전쟁과 평화의 법』이 이른바 폐쇄해양론에
대한 일종의 답변의 성격을 지니고 있지 않은가 하는 생각을 해
보게 된다.

둘째 훗날 하이든(Franz J. Haydn, 1732-1809)의 아리아와 코러스
「폐쇄해양」(Mare clausum)이 보여주다시피 셸든의 폐쇄해양론은
향후 잉글랜드의 왕권의 위대함과 식민지개척의 패권을 당연시하
는 대중적 인식을 보여 주게 됐다는 점이다. 하이든의 가사가 셸
든의 저술에서 직접 인용한 것이 아니라 그 영역본82)의 역자서문
에서 가져 온 것이라는 사실은 별로 중요하지 않다. 왜냐하면
17-18세기 잉글랜드인들에게 있어 중요했던 것은 셸든이라는 우상
이 아니라 이른바 폐쇄해양론을 통해 추구하고 확보할 수 있는 식
민주의적 이익이었기 때문이다. 이러한 관점에서 우리는 그로티우
스의 자유해양론과 셸든의 폐쇄해양론이 각기 유럽의 식민지개척
과정에서 어떤 식으로 이론적 기여를 했는지에 대한 고찰을 향후

---

81) Frans Eric René de Pauw, *Het Mare Liberum van Grotius en Pattijn*,
   Brugge : Uitgeverij voor Rechts- en Bestuurswetenschappen Die Keure N.
   V., 1960.
82) *Of the Dominion, or Ownership of the Sea*, Two Books, translated into
   English, and set forth with som [*sic*] additional evidences and discourses,
   by Marchamont Nedham, published by special command, London :
   William Du-Gard, 1652.

의 연구과제로 남겨 두고자 한다.[83]

---

83) 현재로서는 본 저자의 연구진척 단계가 리차드 턱이 상기 저서(1999)
에서 개략적으로 기술해 놓은 것을 참조하는 데 머물러 있을 뿐임을
또한 밝히고자 한다.

제4장

의사표시의 유효요건으로서의 이성
― 약속에 관한 그로티우스의 논의 ―

그로티우스에게 "국제법의 아버지"라는 칭호를 가져다 준 저서 『전쟁과 평화의 법』의 많은 내용이 정작 국제법 자체에 관해서보다는 사법상(私法上) 쟁점에 대한 논의로 채워져 있는 것은 이제 보면 그리 의외의 구성이 아니다. 왜냐하면 이상의 고찰에서 충분히 엿볼 수 있었다시피, 그로티우스는 국제법상의 현안에 대한 해법을 제시함에 있어서 그 논거를 사법 일반론에서 도출하고자 하는 방법론을 취하고 있었기 때문이다. 그리고 그 사법 일반론이라고 부를 수 있는 체계는 한편으로는 비교법적 고찰 위에, 다른 한편으로는 자연법과 만민법의 원칙으로부터의 연역된 바 위에 기초하고 있음도 보았다.

그로티우스의 이러한 종합적 방법론은 실증주의적 법해석의 한계를 극복하게 해 주기도 했으며, 더 나아가 그의 결론을 철학적으로 더욱 공고히 해 주는 결과를 얻기도 했다. 이러한 관점에서 특별히 살펴볼 만한 항목은 '약속'에 관한 그의 법리[1]라고 할 수 있겠다. 이하에서는 『전쟁과 평화의 법』 제2권 제11장의 서술에 주설(註說)을 다는 방식으로 그로티우스의 이론체계를 꼼꼼히 따라가 보도록 한다.

채무의 근거로서의 약속 : 프랑수아 코낭에 대한 비판

『전쟁과 평화의 법』 제2권은 전쟁을 정당화시킬 수 있는 원인들(causas bellorum justificas)을 종류별로 나누어 살펴보는 것을 그 내용으로 하고 있다.[2] 그리고 법적인 관점에서 규정해 볼 때에 그 원인들이란 다름이 아니라 '권리'에 대한 부당한 침해와 '의무'의 부당한 불이행, 이렇게 크게 두 가지 측면으로 대별해 볼 수 있다. 그리하여 제2권 제1장에서부터 제9장까지는 권리의 종류에 관해서, 그리고 제10장부터 제17장까지는 의무의 종류 및 의무를 발생시키는 경우 등에 관해 상세히 분설하는 구성을 취하고 있는 것이다.

위와 같은 법리의 전개 중에 그로티우스가 '권리'에 관해 제시

---

1) *JBP*, II, xi, De promissis.
2) *JBP*, II, i, 1. 전쟁에 관한 법과 원인에 대한 역사적 고찰로는 Gillespie, 2011; 2013-2017 참고.

하고 있는 개념정의와 각 효과에 대한 설명이 갖는 특징에 관해서는 본서의 앞부분에서 어느 정도 고찰되었다고 믿는다. 그런데 '권리'에 관한 이론 못지않게 '의무'에 관한 그로티우스의 이론 역시 매우 근대적인 성격을 띠고 있다고 보지 않을 수 없다. '의무'의 근거를 '권리'와의 대응관계에서 평형적으로 살피고 있다는 점에서도 그러하고, 또한 '의무'의 근거를 기존 법률가나 신학자와는 달리 단순히 "영혼의 내적 재판소"(internum animi tribunal)에서 찾지 않고[3] (어찌 보면 당연한 이야기 같지만) 법적인 차원에서 구하고자 했다는 점에서도 그러하다.

그로티우스는 우선 제2권 제10장에서 소유권(dominium)으로부터 도출되는 의무에 관하여 다룬다. 그것은 그가 의무를 크게 '현존하는 것으로부터' (e rebus exstantibus) 도출되는 의무와 '현존하지 않는 것으로부터' (e rebus non exstantibus) 도출되는 의무로 대별하고 전자의 대표적인 예로 물건에 대한 소유권으로부터 나오는 의무를 들고 있기 때문이며, 또한 이를 대표적인 예로 든 이유가 이 의무는 모든 사람에 대해 보편적 효력을 갖고 있으므로 모든 의무 중에서 가장 중요한 의무로 취급해야 된다고 보았기 때문이다. 어쨌든 그러고 나서 그로티우스가 위 구성에 따라 그 다음 순서로 다루고 있는 의무는 약속(promissum)으로부터 도출되는 의무이다. 이와 같은 고찰순서는 그가 의무의 원천으로서 약속을 얼마나 중요하게 생각하고 있는가를 보여 준다고 하겠다.

이 주제를 다룸에 있어 그로티우스는 이에 관한 기존의 대표적인 학설에 대한 소개와 그에 대한 비판으로부터 논의를 시작한다.

---

3) *JBP*, II, x, 2.

그 비판의 대상은 다름 아니라 16세기에 로마법상 제 원칙을 체계화하려고 시도했던 프랑스의 법학자 프랑수아 코낭(François de Connan, c.1508-1551)의 이론4)이었다. 즉 코낭은 '자연법과 만민법에 따르면 쌍무적 합의(συνάλλαγμα)를 거치지 않은 것은 아무런 의무를 발생시키지 않는다. [물론] 비록 약속이 없더라도 의무내용의 성격이 성실히 그리고 덕에 부합하게 행해질 수 있는 것이라면 그를 성실히 완수할 수는 있다'는 견해를 가지고 있었는데, 그로티우스는 코낭의 이와 같은 견해에 비판적인 입장을 피력하고자 했던 것이다. 코낭은 자신의 견해를 뒷받침하기 위해 여러 법률가의 주장뿐만 아니라 다음과 같은 근거를 제시하고 있다. 즉 (1) 아무런 원인 없이 경솔히 약속된 바를 믿은 자의 잘못은 약속을 허망하게 만든 자의 잘못에 못지않게 크다는 점, (2) 그리고 약속은 (진정한) 의사(voluntas)에 기하여 이루어지는 경우보다는 허풍(ostentatio)에 기하거나 아니면 단지 가볍고 미숙한 의사에 기하여 이루어지는 경우가 종종 있음에도 불구하고 사람들이 그러한 약속에 구속되게 하는 것은 모두의 재산에 심각한 위험을 초래할 우려가 있다는 점, (3) 의무의 필연성으로 강제하기보다는 각자의 정직성에 맡기는 편이 올바른 것이며, 약속을 완수하지 않는 것이 부끄러운 일인 것은 그를 부당하게 행해서라기보다는 이런 경우 약속을 경솔하게 했음이 드러나기 때문이라는 점 등이다. 코낭은 또한 키케로의 주장 역시 인용하고 있는데, 키케로에 따르면 '약속의 상대방에게 무용한 약속은 지키지 않아도 되며 또한 [더 나아가] 상대방에게 이득이 되는 것보다 네게 더 큰 손해를 가져다주

---

4) *Commentaria juris civilis* (Paris, 1553), 제1권 제6장; 제5권 제1장.

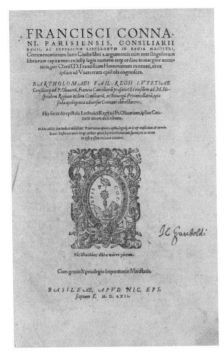

François Connan, *Commentariorum juris civilis libri X*, Argumentis cum ante singulorum librorum capita : tum cujusque legis numero atque ordine in margine annotatis per clariss. d. Franciscum Hotomanum exornati (Basel : Nikolaus Episcopius, 1562) (Biblioteca Europa di Informazione e Cultura 소장본)

는 약속 역시 지키지 않아도 된다'는 것이다. 그로티우스가 보기에 결국 코낭은 약속한 바를 이행해야 하는 것이 아니라 이득이 되는 것을 이행해야 하는 것이라고 주장하는 것이며, 또한 기타 합의들도 그 자체로 어떤 효력을 갖는 게 아니라 그 합의들이 부가적 계약으로 인하여 또는 약속의 목적이 이행됨으로 인하여 효력을 갖게 되는 것이며, 바로 이 점에 때로는 소권이, 때로는 항변권이, 때로는 원상회복금지 등이 근거하는 것이라고 주장하는 것이다. 달리 말하자면, 코낭은 법률에 따라 구속력을 갖는 합의들은 법률 덕택에 그러한 효력을 갖는 것이며 법률은 그 자체로 이미 당연한 것들을 필수적인 것으로 만드는 효과를 발생시킨다고 주장하는 것이다.

그런데 그로티우스는 이와 같은 코낭의 견해는 그렇게 일반적으로 성립할 수 없다고 지적한다.[5] 그로티우스의 근거는 다음과 같다. 즉 첫째 만약 코낭의 견해가 옳다면 (예를 들어) 왕과 인민 간의 합의는 그 중 아무것도 명시적으로 이행되지 않는 한 아무런 효력도 갖지 않는다고 새겨야 할 것이며, 특히 그 합의가 아무런 조약(foederum)과 협약(sponsio)의 형식을 갖추지도 않고 이루어진 경우에는 더더욱 그러하다는 결론에 이르게 되는데, 이는 분명 우리가 현실에서 볼 수 있는 바와는 상치된다는 것이다. 또한 그로티우스는 법률은 인민의 공통된 합의라고 보는 법률관[6]을 갖고 있는바, 법률에 있어서나 개인 간의 협약에 있어서나 그 효력의 근거는 공통적으로 그 당사자 간의 합의에 있다고 보고 있다. 이러한 견해에 의할 것 같으면, 코낭이 주장하는 것처럼 한편으로는 법률로써는 합의에 구속력을 부여할 수 있다고 보면서, 다른 한편으로는 각자의 의사에 있어서는 스스로를 구속하는 어떤 방식을 취하더라도 그러한 구속력을 부여할 수 없다고 보는 것은 합리적으로 설명될 수 없을 것이라고 지적하고 있는 것이다. 더군다나 의사의 구속력을 부정하는 규정을 두고 있는 법은 그 어디에서도 찾아볼 수가 없고, 또한 대인적으로 절대적 효력을 갖고 있는 소유권도 의사표시가 충분히 이루어지면 양도될 수 있는데, 이보다

---

5) Sajó, 2002, p.64 이하 참조.
6) 그로티우스는 아리스토텔레스와 데모스테네스가 그런 취지로 법률을 정의한 바 있다고 부언한다. *Rhet.* I, 15; D. 1, 3, 2.

약한 권리라고 볼 수 있는 대인권이나 소유권 이전권 등의 권리를 당사자 간의 의사표시와 합의에 의해 양도하지 못할 이유는 없지 않은가 하고 그로티우스는 반문하고 있다. 즉 물권의 변동과 채권의 변동은 둘 다 마찬가지로 당사자의 일정한 의사표시에서 출발한다는 것이다.

그런데 코냑의 견해가 로마법에 대한 고찰에 기반하고 있는 만큼 그에 대한 비판은 로마법이 여전히 강력한 권위를 발휘하고 있던 17세기 초에 자칫 당시 법학계의 주류로부터 반박을 받을 우려가 없지 않았다. 이러한 반박에 대비하기 위해서 그로티우스는 자신의 의사주의적 의무론이 로마법에 전혀 근거가 없지 않음을 밝히지 않을 수 없었다. 아니 오히려 그는 로마법상으로도 의사주의적 의무론이 "현자들의 합치된 의견"(sapientum consensus)이라고 파악했다. 즉 로마의 법률가들은 소유자가 자신의 물건을 타인에게 양도하고자 할 때에 그 의사는 유효하게 간주되어야 한다는 것보다 더 자연스러운 것은 없다[7]고 보았다는 것이다. 마찬가지로 로마의 법률가들은 사람들에게 상호 만족을 줄 수 있는 것을 행하는 것보다 더욱 인간의 (상호)신뢰에 더욱 부합하는 것은 없다고 보았다[8]고 적고 있는데, 이는 그로티우스가 로마의 법률가들도 당사자의 의사표시에 대한 상대방의 신뢰가 그 당사자로 하여금 그 의사표시를 이행할 의무의 근거가 된다고 보았음을 지적하고자 하는 것이다. 그리하여 그로티우스는, 예를 들어, 금전지급에 있어 그 (지급에 대한) 동의 이전에 다른 어떤 원인도 존재하지 않은

---

7) I. 2.1.40.
8) D. 2.13.1.

경우에 있어서도 금전지급을 명하고 있는 칙법9)은 자연적 형평에 부합한다고 본다. 여기에서 파울루스의 견해10)는 그로티우스의 논지를 뒷받침하는 결정적 예로서 제시되고 있다. 즉 파울루스에 따르면, 만민법에 따라 지급"해야 하는" (oportet) 자는 자연적 의무를 지고 있는 것이라고 볼 것인바 우리는 그의 신의에 의존하기 있기 때문이라는 것이다. '의무의 궁극적 원천은 결국 의사표시에 대한 신의'라는 것인데, 이러한 견해는 법률가뿐만 아니라 더 나아가 철학자들의 저술 속에서도 쉽게 찾을 수 있는 견해임을 그로티우스는 독자들에게 상기시켜 주고 있다. 그 중 그로티우스는 먼저 키케로의 의견을 인용하고 있는데, 수많은 철학자 중에서 키케로를 우선 언급한 것은 앞서 코낭이 자신의 주장을 뒷받침하기 위해서 키케로를 인용한 데 대한 일종의 반박이라고 할 수 있다. 즉 코낭은 키케로가 '의미가 크지 않은 약속을 지키는 것보다 자신의 이익을 지키는 것이 우선시되어야 한다'고 말했다고 인용하고 있는데, 그로티우스에 따르면 이러한 해석은 키케로의 정의론에 있어서 약속이 차지하고 있는 비중에 대해 곡해를 가져올 우려가 있다는 것이다. 그리하여 그로티우스는 키케로가 약속에 관해 비중 있게 다루고 있는 자신의 『의무론』11)에서 신의를 정의의 기초라고 불렀음을 독자들에게 상기시키고 있다. 약속이 의무를 발생시키는 것은 그 약속으로 인해 당사자 간에 신의관계가 형성되기 때문이라는 것이다. 그리고 그로티우스는 키케로 이외에 신의의 중

---

9) D. 13.5.1.
10) D. 50.17.84.1.
11) 『의무론』 I, 1.

요성을 강조한 다른 철학자들을 계속해서 예시하고 있다. 호라티우스는 신의를 정의의 자매라 부르고, 플라톤은 정의, 아레테이아(ἀλήθεια)라고 부르곤 했는데 아풀레이우스(c. 124-c. 170)[12]가 이를 신의(fidelitas)라고 번역했다는 점 그리고 시모니데스는 정의(justitia)를 정의하기를 받은 것을 돌려주는 것뿐만 아니라 진실을 말하는 것이라고 했다[13]는 점 등에 독자의 주의를 환기시키고 있는 것이다.

장래의 사실에 대한 의사표시의 세 가지 방식

약속이란 아직 일어나지 않은 장래의 사건(행위 포함)의 실현에 있어 자신이 일정한 기여를 할 것임을 상대방에 대하여 표시하는 것을 말한다. 그러므로 우선 약속의 내용은 그 실현가능성이 의사표시자의 능력 안에 있는 것이거나 있다고 여겨지는 것이어야 한다. '내일 비가 오도록 하겠다'와 같은 것은 우연에 의하거나 아니면 통계적 확률에 기초한 예견에 기한 경우를 제외하고는 그 실현가능성이 어느 누구의 능력 안에도 있지 않기 때문에 약속의 내용을 구성할 수 없다고 하겠다. 그러나 '내일 비가 오면 네게 우산을 사 주겠다'와 같은 것은 조건이 성취되면 내가 일정한 행위를 할 것임을 예고하는 것으로서 그가 우산을 사 줄 수 있는 금전적

---

12) Apuleius, *De habitud. doctrin. Platonic*, II. 영역본으로는 Ryan C. Fowler 편집본 참조.
13) 플라톤, 『국가론』 제1권.

능력이 있거나 있다고 여겨질 때에 충분히 약속의 내용을 구성할
수 있다고 할 것이다. 그런데 약속의 내용이 항상 명확하거나 그
형식이 항상 간단한 것은 아니다. 그로티우스는 약속의 의사표시
방식을 세 단계로 구분하여 설명하고 있다.14)

첫 번째 단계의 것은 확언(assertio)으로서 미래에 대하여 현재의
내심을 표현하는 것이라고 한다. 이에는 흠결이 없을 것 그리고
그 현재 기준으로 사유에 진정성이 있을 것 등이 요청되지만, 그
사유의 진정성이 지속될 것이 요구되지는 않는다. 인간의 마음
(animus humanus)은 생각을 바꿀 수 있는 자연적 능력뿐만 아니라
그러한 권리 역시 갖고 있기 때문이다.

두 번째 단계의 것은 미래에 대하여 일정한 의사를 갖고 결심
을 하면서 그러한 의사를 지속해야만 하는 필요성에 대해서도 충
분한 표시를 하는 것이다. 즉 의사의 지속성이라는 측면에서 첫
번째 단계의 확언과 구분된다고 하겠다. 보통 일방적 약속
(pollicitatio)이라고 불리는 이와 같은 의사표시는 (약속을 행한 자
에 대해서는) 법률의 규정과는 상관없이 때로는 절대적 구속력을,
때로는 조건적 구속력을 갖지만 그렇다고 해서 상대방에게 그에
상응하는 권리를 주는 것은 아니라고 하여 그로티우스는 그 구속
력에 제한적 효력만을 인정하고 있다. 세상에는 우리에게는 의무
가 있는 반면 어느 누구에게도 권리가 없는 경우가 많이 있기 때
문이다. 예를 들어 자비나 은사를 베풀어야 하는 의무의 경우가
그러하며, 지속성(constantia)이나 신뢰성(fidelitas)에 관한 의무에 있
어서도 마찬가지이다. 그러므로 그로티우스는 이러한 일방적 약속

---

14) *JBP*, II, xi, 2-4.

에 기하여 그 대상을 취하거나 또는 그러한 약속을 한 자에 대하여 그 이행을 강제할 수 있다고 생각하는 것은 자연법상 허용되지 않는다고 한다.

세 번째 단계의 것은 그러한 결심에 덧붙여 상대방에게 그에 상응하는 권리를 이전하고자 하는 의사를 표시한 경우이다. 그로티우스는 이러한 형태의 의사표시를 완전한 약속(perfecta promissio)이라고 명명하고 있는바 소유권의 양도와 같은 효력을 갖는다는 점에서 "완전한"이란 관형어를 부가한 것이라고 하겠다. 이는 때로는 물건의 양도의 경우에 해당하기도 하고, 때로는 우리의 자유의 일정 부분을 양도하는 경우에 해당되기도 한다. 어떤 물건을 준다는 약속이 전자에 속하고, 어떤 일을 행한다는 약속은 후자에 속하는 것이다. 그렇다면 이처럼 '완전한 약속'에 해당되는 의사표시의 예로는 어떤 것이 있을까. 이에 대해 기독교 법률가 그로티우스는 신의 계시(divina oracula)야말로 '완전한 약속'의 전형적인 예라고 한다. 즉 주께서 아브람이 "주 앞에서 신실한 것을 보시고 그와 계약을 맺어 가나안족, 헷족, 아모리족, 브리스족, 여부스족, 기르가스족의 땅을 그의 후손들에게 주시겠다고 말씀"하신 것15)이 바로 완전한 약속이 무엇인지를 잘 보여 주는 예라고 하는 것이다. 왜냐하면 신께서는 그 어떤 제정법에 의해서도 제약을 받으시지 않으면서도 만약 당신의 약속을 이행하지 않으신다면 당신 자신의 본성에 반하는 것이 될 것이기 때문이다. 그리하여 신은 위

---

15) 느헤미야 제9장 제8절; 히브리서 제6장 제18절, 제10장 제23절; 고린도전서 제1장 제9절, 제10장 제13절; 데살로니가전서 제5장 제24절; 데살로니가후서 제3장 제3절; 디모데후서 제2장 제13절.

아브람과의 약속을 실제로 지켰고 그로 인하여 "참으로 주(主)는 의로우신 분"이라는 것을 아브람의 후손들이 알게 됐다는 것이다. 따라서 그로티우스에게 있어 약속을 이행한다는 것은 신은 물론 기타 이성을 활용할 줄 아는 모든 존재들이 나름대로 공통적으로 갖고 있는 불변적 정의(immutabilis justitia)의 본성에 기하는 것이다. 요컨대 완전한 약속의 경우 우리가 그 내용의 실행에 대해 의무를 지는 것은 약속을 이행함이 정의라고 하는 이성적 존재의 본성에 부합하기 때문이라는 것이다. 여기서 기독교 법률가 그로티우스는 다시 한 번 성경의 구절을 인용하여 약속의 구속적 성격을 재차 확인한다. 즉 솔로몬은 "내 아들아 네가 만일 이웃을 위하여 담보하며 타인을 위하여 보증하였으면 네 입의 말로 네가 얽혔으며 네 입의 말로 인하여 잡히게 되었느니라" 했는데,16) 이는 완전한 약속의 의사표시를 한 자는 자신의 언명에 스스로 구속되며 만약 이를 이행하지 않으면 그것은 정의에 위배된다는 뜻이다. 히브리어로 약속을 אסרה, 즉 속박(束縛, vinculum)이라고 부르며17) 거기에 서약(votum)에 비견되는 의미를 결부시키고 있는 것이 바로 약속에 구속력이 있음을 인정하는 좋은 예라고 그로티우스는 덧붙이고 있다. 이와 같은 유대-기독교적 관점은 이교도의 사회 내에서 이루어지는 약속에 대해서도 마찬가지로 구속적 의미를 읽어내게 하는바18) 그로티우스가 논거를 열거함에 있어 성(聖)과 속(俗)의

---

16) 잠언 제6장 제1절.
17) 민수기 제30장 제4, 5, 6절.
18) 그로티우스는 『일리아드』 II.2.286에 나오는 "ὑποσχέσεως"(약속)라는 단어의 의미에 대해서 12세기 그리스 정교의 성직자였던 테살로니카의 에우스타티오스(Εὐστάθιος Θεσσαλονίκης)가 자신의 주해서에서

전거를 골고루 인용하고 있는 것은 후자의 문헌을 전자의 관점에서 해석해 내기 위함이라기보다는 약속의 구속성이 고래(古來)로 양 영역에 있어 공통적으로 인정되어 온 원리였다는 사실(= 보편적 규범성)을 밝히기 위해서 인문주의적 수사를 구사하고 있는 것이라고 보아야 하겠다. 이런 차원에서 볼 때에 완전한 약속으로부터 의무가 도출됨을 설명하는 마지막 전거로서 오비디우스의『변신』제2권의 한 구절을 인용함은 그로티우스의 수사적 논증의 화룡점정을 이룬다 : "내 목소리가 그대의 것이 되리."

정리를 하자면, 그로티우스는 단순한 확언 (assertio) 같은 의사표시에는 법적 구속력을 인정하지 않아도 무방하지만, 일방적 약속(pollicitatio)에는 제한적 구속력을, 그리고 완전한 약속(perfecta promissio)에는 일반적인 구속력을 인정해야 한다고 보고 있는 것이다. 반면 코낭은 확언이나 일방적 약속은 물론이고 그로티우스가 "완전한 약속"이라 부르는 의사표시도 그것이 쌍무적 합의를 포함하지 않는 한 자연법 하에서는 구속력을 가질 수 없다고 본 것이다.[19] 그로티우스는 코낭의 이와 같은 이론구성은 일정한 형식(stipulatio)을 숙고된 의사의 표시로 보았던 로마법에서 도입된 바임을 지적한다. 일찍이 세네카는 "우리가 타인에게 약속한 바를 이행할 의무를 지우는 법은 무엇인가?" 하고 물으며 엄숙한 형식을 거치지 않은 약속 등에 관해 논하고 있었음[20]을 그로티우스는 너무나 잘 알고 있었다. 그리고 그로티우스는 로마법의 요식주의

제시하고 있는 설명을 예로 든다 : "약속을 받은 자는 약속을 한 자를 포박하고 있는 것과 같다."
19) Astorri, 2020, p.89 이하 참조.
20)『은덕에 관하여』제10장.

와 유사한 방식을 다른 민족의 법제에서도 찾아볼 수 있음을 부정하지도 않는다. 다만 그로티우스가 지적하고자 하는 것은 의사표시에 구속력을 부여할 수 있는지 여부는 일정한 형식의 유무에 달려 있는 것이 아니라 그 의사표시가 당사자의 진지한 숙고의 결과였는지 여부에 달려 있음을 잊어서는 안 된다는 것이다.21) 따라서 (로마법상의) 일정한 형식이나 법에서 이와 유사한 것으로서 소권을 발생시키는 것으로 전제하고 있는 것들이 굳이 아니더라도 만약 숙고된 의사의 표시로 볼 수 있는 것이 있으면 그것을 효력의 요건으로 보아야 한다는 것이다. 그렇다고 해서 그로티우스가 숙고가 의사표시에 구속력을 부여해 주는 절대적 요건이라고 보는 것은 아니다. 숙고의 결과 이루어진 것이라 해도 타인에게 그에 상응하는 권리를 줄 의사 없이 행한 약속의 경우에는 비록 이러한 약속으로 인해 성실(에 대한 요청)과 도덕적 필요성이 발생할 수는 있어도 이와 같은 약속이 혹자에게 약속을 강제할 권리를 당연히 주는 것은 아니라고 생각하는 것이다.

완전한 약속의 요건

숙고가 의사표시의 필요적 요건이긴 해도 그것만으로는 의사표시에 구속력을 부여해 주기에는 충분하지 않다고 한다면, (일방적

---

21) 그로티우스는 숙고되지 않은 의사로써 이루어진 바가 구속력을 갖고 있다고 생각지는 않는다고 하면서, 이 점에 관해 테오프라스토스(기원전 c. 372-c. 287)가 그의 『법률론』에서 말한 바를 언급하고 있다.

약속22)의 경우는 차치하고) 그로티우스가 일반적 구속력을 인정해야 한다고 본 '완전한 약속'이 성립하기 위해서는 어떠한 요건을 충족해야 하는가.

(1) 첫째 이성을 사용할 것이 요구된다고 한다. 성난 사람과 미친 사람 그리고 아이들로부터는 아무런 약속도 나올 수 없다. 물론 그로티우스는 미성년자에게 대해서는 약간의 유보를 두고 있기는 하다. 즉 그로티우스는 미성년자의 경우 설령 충분할 정도로 확고한 판단력은 결여되어 있음은 여자들과 마찬가지라고 하면서도 이러한 상태가 영원한 것도 아니며 또한 판단력의 결여 정도가 약속의 효력을 바로 무효로 만들기에는 충분하다고 볼 수 없기 때문에, 비록 미성년이라 할지라도 어느 정도는 이성적인 사유와 판단에 기초한 의사표시를 할 수 있다고 보는 것이다. 그러면 아동은 언제부터 이성을 사용하기 시작하는가. 이 문제에 관해서 그로티우스는 그 시기(始期)를 명확히 규정할 수는 없을 것이라고 하면서 대신 일상적 행위나 각 지역에서 공통적으로 일어나는 바로부터 귀납적 추론을 시도한다. 즉 히브리인들 사이에서는 열세 살 이상 소년 또는 열두 살 이상 소녀가 한 약속은 유효했던 것 같다고 하고, 로마의 예에서 볼 수 있다시피 올바른 근거에 기초하고 있던 법제에서는 피후견인 또는 미성년자가 한 일정한 약속은 유효한 것으로 취급됐다고 하면서 그리스인들도 그리했던 것 같다23)

---

22) 그로티우스의 영향을 깊이 받은 것으로 알려져 있는 스코틀랜드의 제임스 스테어(James Dalrymple, 1st Viscount Stair, 1619-1695)는 그로티우스보다 한발 더 나아가서 일방적 약속의 경우에도 강제력을 인정해야 한다고 주장했다. 그로티우스와 스테어의 약속론 비교에 관해서는 Smith, 1958; MacCormack, 1977 등 참조.

고 추정하고 있다.

그런데 이성적 사변력의 소유자라고 하더라도 그 능력을 언제나 완전한 상태로 발휘하는 것은 아니다. 부족하거나 부정확한 정보에 기하여 판단을 하거나 설사 충분한 정도의 정보를 갖고 있더라도 계산과 예측에 실수를 범하여 잘못된 판단을 하는 경우가 있는 법이다. 착오가 바로 이러한 경우이다. 또한 이성을 완전한 상태로 발휘하지 못하는 또 다른 경우로는 심리상태가 자유롭지 못하거나 불안정한 상태에서 판단과 선택을 하는 경우를 들 수 있다. 이러한 경우로서 강박에 의한 의사표시[24]를 들 수 있기도 하지만, 이처럼 사유의 자유가 박탈된 상태에서 행한 의사표시의 예가 아니더라도 두려움처럼 우리의 이성적 능력을 건전하게 발휘하는 것을 방해하는 심리상태도 또한 문제가 될 수 있다. 그리하여 그로티우스는 '완전한 약속'의 첫 번째 요건으로서 합리적 판단을 설명하는 중에 그 연장선상에서 착오와 두려움의 문제를 다룬다. 아래에서 각각 살펴보도록 한다.

우선 그로티우스 역시 착오에 기한 합의는 매우 다루기 어려운 주제임을 인정하고 있다.[25] 물건의 실체에 대한 착오와 실체 이외에 대한 착오 간에 구분이 있기도 하고, 사기에 기해 계약이 이루어졌는지, 계약당사자가 사기에 가담했는지, 당해 행위가 엄격한 권리(strictum jus)에 관한 것인지 신의성실(bona fides)에 관한 것인지 등의 (어려운) 문제가 다수 있기 때문이다. 이러한 다양한 경우

---

23) 디오 크뤼소스토모스, 『연설』 제75절.

24) 이에 관해서는 졸저, 『법에 있어서 자유의지와 책임 : 역사와 이론』, 제2판, 서울 : 터닝포인트, 2018, 제4장 참조.

25) *JBP*, II, xi, 6.

들에 대해 어떤 행위는 무효라 하기도 하고 어떤 행위는 유효이되 피해자의 선택에 따라 취소되거나 경개될 수 있다고 하기도 한다. 그런데 그로티우스는 이러한 구분의 대부분은 고대 로마법 또는 법무관법에서 유래한 것으로서, 그 중 어떤 것은 전적으로 옳지 않기도 하고 부정확하기도 하다고 지적한다. 이처럼 착오에 기한 의사표시의 효력을 논하는 것은 매우 어려운 작업이기는 하지만, 다른 한편 그로티우스는 법률의 효력과 효과에 관해 모든 이의 찬동을 강하게 받고 있는 바—즉 법이 일정한 사실관계를 전제로 하고 있을 때에[26] 실제로는 그러한 사실관계가 존재하지 않는 경우엔 당해 법률은 구속력을 갖지 않는다고 하는 원칙—에 따르면 우리가 자연적 진리(naturalis veritas)를 찾을 수 있는 길은 여전히 열려져 있음을 강조한다. 진실한 사실관계가 존재하지 않는 경우에는 당해 법률의 기초 전체가 부재하는 것이라고 보아야 하고, 이러한 원칙을 기준으로 삼으면 착오에 기한 의사표시의 효력이라는 난제도 그리 어렵지 않게 해결할 수 있다고 보기 때문이다. 그렇다면 이와 마찬가지로 약속이 어떤 사실관계를 전제로 이루어졌으나 그 사실관계가 실제로는 발생하지 않은 경우에 그러한 약속은 아무런 효력이 없다고 보는 것이 마땅하다고 한다. 왜냐하면 키케로의 『웅변가론』 제1권에 나오는 문제, 즉 아들이 죽은 줄 잘못 알고 다른 이를 상속인으로 지정한 예에서처럼 약속을 한 자가 실제로는 존재하지 않는 조건이 아니었다면 그러한 약속에 동의하

---

26) 어떤 경우에 법률이 그와 같은 전제에 기초해 있다고 보는지에 대해서는 당해 법률의 소재와 표현 및 정황 등을 고려하여 판단해야 할 것이라고 한다. *JBP*, II, xi, 6, 2.

지 않았을 것이라고 볼 수 있는 경우에는 그 의사표시에 효력을 인정하지 않는 것이 마땅하다고 보기 때문이다. 하지만 그로티우스는 착오에 기해 의사표시를 한 자는 그 결과에 대해 일정한 책임을 지는 경우가 있음도 지적하고 있다. 예를 들어, 약속한 자가 목적물에 대한 검토에 있어서나 자신의 취지를 표현함에 있어 부주의했고 이로 인해 상대방이 손해를 입은 경우, 그 약속을 한 자는 당해 손해를 전보해야 할 의무가 있다고 한다. 그런데 여기서 주의해야 하는 것은 그로티우스가 이때의 의무는 당해 약속의 효력에 의한 것이 아니라 의사표시자가 과실로써 손해를 발생시켰기 때문이라고 보고 있다는 점이다. 착오에 기한 의사표시라 할지라도 효력이 인정되어 그 이행에 책임을 져야 하는 경우도 물론 있지만, 여기서는 그 의사표시의 효력 여하와는 별개로 만약 그 의사표시로 인해서 상대방에게 손해가 발생한 경우에는 그 의사표시자는 그 결과에 대해 책임을 져야 한다는 논지이다. 또한 착오에 기한 의사표시의 효력 여하와 별개로 검토해야 하는 문제로서 그로티우스가 들고 있는 사례로는 착오가 있었다 하더라도 그 착오에 기하여 약속이 이루어진 것이 아닌 경우가 있는데, 이런 경우에 당해 행위는 유효하다고 한다. 약속 자체가 진정한 합의 (verum consensum) 없이 이루어진 것은 아니기 때문이다. 하지만 이 경우에 있어서도 만약 약속의 상대방이 사술로써 착오를 야기시킨 경우라면 약속을 한 자가 그 착오로 인하여 입은 손해를 전보해야 할 의무가 있다고 한다. 그리고 만약 약속에 부분적으로 착오가 있다면, 그 나머지 부분에 있어서는 유효하다고 보기도 한다.

이성을 완전한 상태에서 발휘하지 못하는 또 다른 경우로서 두려움 때문에 약속을 한 경우에 대해 그로티우스가 설명하고 있는 바를 보기로 하자. 그로티우스는 이 문제 역시 다루기가 쉽지 않음을 인정한다.[27] 왜냐하면 여기에서는 절대적으로 심각한, 또는 두려워하는 자의 관점에서 볼 때에 심각한 두려움과 가벼운 두려움 간에 구분이 이루어지기도 하고, 약속의 상대방이나 다른 사람에 의해 정당하게 야기된 두려움과 부당하게 야기된 두려움 간의 구분, 무상행위에 있어서의 두려움과 유상행위에 있어서의 두려움 간의 구분 등이 이루어지곤 하기 때문이다. 이러한 다양한 유형에 따라 어떤 행위는 무효로 처리되기도 하고, 어떤 행위는 약속한 자의 재량에 따라 취소되는 것으로, 또 어떤 행위는 전부 복구하는 것으로 취급되기도 한다. 또한 이 각각(의 취급)에 있어서도 매우 다기한 견해의 차이가 없지 않음은 두려움에 기한 약속의 효력을 논함을 더욱 어렵게 만들고 있다고 지적한다. 그러나 이 문제에 관한 그로티우스의 기본적인 입장은 실정법에서 (책임을) 면제시켜 주거나 경감시켜 주는 경우를 제외하고는 두려움에서라도 뭔가 약속을 한 자는 의무를 진다는 것이다. 왜냐하면 여기에서 합의는 (바로 위에서 착오로 인한 약속에서 고찰했던 것처럼) 조건부 합의가 아니라 절대적 합의이기 때문이라는 것이다. 아리스토텔레스가 설시한 예[28]에서와 같이 난파에 대한 두려움에 화물을 투척한 자는 만약 난파의 위험이 없다는 조건 하에서라면 화물을 보존하고자 했겠지만 그는 당해 시간과 장소의 정황에 대한 고려에 기반하여 화물을 버리기로 절대적으로 의욕한 것이기 때문에

---

27) *JBP*, II, xi, 7.
28) 『니코마스코스 윤리학』 제3권.

비록 두려움에 기하여 한 행위라 할지라도 그 행위자는 자신의 행위에 대해 책임을 져야 한다는 논지인 것이다. 그러나 만약 약속의 상대방이 정당한 두려움이 아니라 부당한 두려움을 야기시킨 경우에는 설사 그 두려움이 가벼운 것이었다 할지라도 그로 인해 약속이 이루어졌다면, 약속을 한 자가 원하는 경우 그의 의무를 면제시켜 주어야 한다는 것도 마찬가지로 옳다고 한다. 이것은 약속이 무효해서가 아니라 부당하게 발생한 손해 때문에 그렇게 해야 한다는 것인데, 위의 착오에 관한 항목에서 본 것과 마찬가지의 논지라고 하겠다. 그리고 약속의 상대방이 아닌 다른 사람에 의해 야기된 두려움으로 인해 행한 바 중에서 어떤 행위들에 대해서는 실정법에 따라 그 효력이 문제되기도 하는데, 그로티우스는 이러한 경우에 자유로이 이루어진 행위라 할지라도 판단의 하자를 이유로 때로는 무효로 처리하기도 하고 때로는 취소할 수 있는 것으로 처리하기도 한다면서 실정법에 관련 규정이 있는 경우에는 그에 따라 효력 여하를 결정한다고 하고 있다.

(2) '완전한 약속'의 두 번째 요건은 그 객체에 관한 것이다.[29] 즉 약속의 대상이 약속한 자의 권리 안에 있거나 있을 수 있어야만 당해 약속이 유효하게 된다는 것이다. 이를 그로티우스는 달리 표현하여 "약속이란 약속한 자의 권리로부터 그 효력을 부여받는 것이지 그 바깥으로 확장되는 것이 아니다"(promissio vim accipit ex jure promittentis, nec ultra extenditur)고 한다. 이런 의미에서 그로티우스는 그 자체로 불법적인 행위를 하기로 한 약속은 유효하지 않다고 보아야 한다고 하는데, 그러한 행위에 대해서는 "만약

---

29) *JBP*, II, xi, 8.

정당한 약속이라면 유효할 것이되, 만약 그렇지 않다면 비록 내가 그런 말을 했다 할지라도 약속한 것은 아니다"고 한 스파르타의 왕 아게실라우스[30]의 말도 있거니와 무엇보다도 불법적인 행위에 대해서는 어느 누구도 권리를 갖지 못하며 가질 수도 없기 때문이라고 한다.

약속의 객체가 의사표시자의 권능 안에 있어야 한다는 요건은 아울러 객체의 현재성 또는 실현가능성을 요청한다. 그로티우스는 만약 객체가 약속한 이의 권능 안에 현재 있지 않고 언젠가 그렇게 될 것이라면 그 효력은 (그때까지) 정지된다고 본다. 왜냐하면 이 경우에는 대상이 권능 안에 들어온다는 조건 하에 약속이 이루어진 것이라고 생각해야 하기 때문이라는 것이다. 만약 대상이 약속한 이의 권능 안에 들어온다는 조건 자체가 약속한 이의 능력에 달려 있는 것이라면 약속한 이는 그 조건이 충족될 수 있도록 뭔가 도덕적으로 형평에 부합하는 바를 행해야 함도 덧붙이고 있다. 그러나 이러한 경우에 있어서도 아무리 이행을 강제함이 자연스러운 약속이라 할지라도 실정법에 따라서는 모종의 유익함을 위해 그러한 약속을 효력정지가 아니라 아예 무효로 취급하는 경우가 있는데, 그러한 예로 그로티우스는 배우자 있는 남자 또는 여자가 장차 다른 이와 혼인하기로 약속한 경우나 미성년자 또는 자녀 등이 한 약속의 경우 등을 들고 있다.

그렇다면 의사표시자가 불법을 행하는 것을 약속하는 것이 아니라 상대방이 불법을 행할 것을 조건으로 하여 약속을 하는 경우에는 어떻게 다루어야 할 것인가. 즉 당연히 악하다고 보아야 할

---

30) Agesilaus II (기원전 c. 444-360). 스파르타의 왕(기원전 399-360).

원인에 기해서 한 약속도 그 성질상 유효하다고 볼 수 있는지에 관한 물음이다. 예를 들어, 살인을 범할 것을 원인으로 하여 뭔가 약속하는 것과 같은 경우를 말한다. 이 문제에 대해 그로티우스는 우선 상대방이 악을 행하게끔 강제됨을 지향하고 있기 때문에 약속 자체가 악한 것임은 충분히 알 수 있다고 한다. 그러나 약속 자체가 유효한가 여부는 조건의 불법성 여부와는 별개의 문제이기 때문에 그로티우스는 이 문제를 좀 더 면밀히 고찰한다. 악하게 행해진 모든 약속이 법적 효력을 결여하는 것이 아님은 낭비적 증여의 예에서 보는 바와 같다. 차이가 있다면 낭비적 증여에서는 증여가 일단 이루어지면 악한 원인은 중지되는 반면, 악한 원인에 기한 약속의 경우에 있어서는 당해 범죄가 저질러지지 않는 한 여전히 악은 (그 약속 안에) 잔존한다는 점이다. 후자의 경우, 약속의 이행 자체도 악에 대한 유혹으로서 그 자체 안에 오점을 지니고 있는바 이 오점은 당해 범죄가 저질러졌을 때에 가서야 중지된다. 이로부터 그로티우스는 다음과 같은 결론을 이끌어낸다. 즉 불법적인 조건이 완성될 때까지는 위와 같은 약속의 효력은 정지된다는 것은 우리의 권리 안에 있지 않은 대상에 대한 약속에 관해서 살펴본 바와 같으며, 추후 당해 범죄가 저질러지면 그때에서야 약속이행의 의무의 효력이 작동하기 시작하는바, 이 효력은 처음부터 본질적으로 부재했던 것이 아니라 그 부속적 악성으로 인해 작동에 방해를 받아 왔던 것뿐이라는 결론이다. 야곱의 아들 유다가 다말을 창녀로 여겨 화대를 약속하고 추후에 실제로 그 채무를 이행했던 것[31]과 같은 예가 바로 이에 해당한다고 한다.

---

31) 창세기 제38장.

(3) '완전한 약속'의 세 번째 요건은 의사표시의 방식에 관한 것이다.[32) 즉 약속의 의사표시는 외부적 행위, 즉 의사의 충분한 표지가 있어야 한다는 것이다. 구두로 발언하거나 문서로써 의사를 외부적으로 충분히 분명하게 표시하는 것이 가장 일반적인 경우겠지만, 그로티우스는 때로는 끄덕임과 같은 간단한 몸짓으로도 약속의 의사를 표시할 수 있다고 한다.

그런데 약속의 의사표시는 반드시 본인이 해야만 하는가 아니면 제삼자를 통해서도 할 수 있는가가 문제이다. 이에 대해 그로티우스는 우리는 특별한 목적을 위해서든 일반적 목적을 위해서든 누군가를 우리 자신의 도구로 선임하고 그 (특별한) 선임의 의사가 (외부적으로) 확인된다면 이 타인을 통해서도 의무를 지게 된다고 한다. 그리고 일반적 선임의 경우에 그 선임을 받은 자가 자신에게만 고지된 본인의 의사에 반하여 행위한 때에도 그에 대해 본인이 의무를 지게 되는 일이 발생할 수도 있다고 한다. 수임인이 해당 종류의 업무를 수행함에 있어서 행한 모든 사안에 있어서 우리 자신이 의무를 지게 되는 경우도 있겠지만, 이보다 더욱 복잡한 문제를 발생시키는 경우로는 수임인이 자신에게 고지된, 그러나 다른 사람에게는 고지되지 않은, 지시가 없는 한 업무를 수행하지 않는다는 의무를 본인에 대하여 지는 경우를 든다. 그리고 후자의 경우의 확장된 예로서 왕의 사신이 신임장(instrumentum) 상의 권한으로 왕을 위해 약속을 하되 실제로는 그에게 비밀히 부여된 임무의 범위를 벗어난 경우를 들고 있다. 그리고 이에 덧붙여 구대륙 간 그리고 신구대륙 간 교역의 양이 놀라운 속도로 증

---

32) *JBP*, II, xi, 11.

가하고 있던 17세기 당시에 빈번히 문제됐던 예로서 선주(船主)와 선장(船長) 간의 관계에서 비롯되는 약속의 의사표시와 그 대리권에 관한 문제를 들 수도 있을 것이다. 이른바 선주소송(exercitoria)과 선장소송(institoria)의 구분이 바로 이 문제에 직결되는바, 그로티우스는 이 양 소송 간의 구분은 소권의 종류에 따른 구분이라기보다는 소권의 성질에 따른 구분이라고 보아야 하며, 그 해결은 자연법에 따라 찾아져야 한다고 주장한다. 반면 로마법에서는 선장의 행위에 대하여 각 선주는 전반적으로 책임을 진다는 규칙이 들어가 있는데,33) 그로티우스는 이러한 일률적 해법은 각자의 몫에 따라 책임을 지면 족한 것으로 보는 자연적 형평성에 부합하지 않을 뿐만 아니라 공공의 입장에서 보아도 유용하지 않다고 한다. 선주들은 만약 선장의 행위로 인해 무한책임을 지게 될 수도 있다는 두려움이 생기면 선박을 출항시키는 것을 꺼려할 것이기 때문이다. 교역이 오래 전부터 번성해 왔던 홀란드에서는 바로 이와 같은 이유로 선주단이 선박과 선적물의 평가액보다 더 중한 책임을 지지 않도록 하는 법칙이 세워져 있고 로마법을 따르지 않은지 오래된 것이라고 그로티우스는 설명하고 있다.

약속의 의사표시 방식에 있어 또 한 가지 고려해야 하는 문제는 그 의사표시에 대한 상대방의 수락 여하이다. 이 문제에 관해

---

33) L. De Ligt, "Legal History and Economic History : The Case of the *Actiones Adiecticiae Qualitatis*", *Tijdschrift voor Rechtsgeschiedenis*, Vol. 67, No. 3-4 (1999), pp.205-226; Patricio Lazo, "The Clause *Eius Rei Nomine* of the *de Exercitoria* and *de Institoria Actione* and Its Interpretation", *Revista Chilena de Derecho*, Vol. 43, No. 3 (2016), pp.1081-1100.

그로티우스는 약속에 기해 권리를 이전하기 위해서는 소유권의 이전에 있어서와 마찬가지로 상대방의 수락이 요청된다고 본다. 그리고 이 요건에 부가하여 수락이 유효하게 성립하기 위해서는 수락 이전의 청약이 지속적 상태에 있어야 할 것이며 또한 수락의 효과를 가져올 가능성이 있는 것으로 인정되어야 한다고 덧붙이고 있다. 이 부가적 요건을 잘못 이해할 경우에는 자연법에 따르면 약속한 자의 행위만으로 충분하다고 주장하기도 하고 이것이 바로 로마법에서 국가를 상대로 한 일방적 약속 역시 구속력을 갖는다는 정한 것의 취지인 것이라고 주장할 수도 있다. 그러나 그로티우스는 로마법에서는 수락 이전에라도 일방적 약속의 효력이 완전하다고 말하고 있는 게 아니라 그 철회를 허용하지 않음으로써 상대방이 언제든지 수락할 수 있도록 하고 있는 것이라고 지적하고, 또한 그 효과는 자연법에 의한 것이라기보다는 실정법에 의한 것이라고 보아야 할 것이라고 지적한다. 즉 자연법에 따르면 미성년자와 광인에게 완전한 의사능력을 기대하기 어려울 것이지만, 실제적인 목적과 편리를 위하여 만민법에서는 미성년자와 광인의 경우에 있어서도 물건의 점유 사실만 있으면 그 점유의사를 인정해주는 것과 마찬가지로 청약에 대한 수락의 의사 역시 자연법에서 당연히 인정되는 것이 아니라 실정법에서 보충하고 있는 것이라고 보아야 한다는 것이다.[34]

수락과 관련하여 또한 생각해 볼 수 있는 문제는, 약속이 완전한 효과를 갖기 위해서는 수락이 행해진 것만으로 충분한가 아니면 수락의 의사가 약속한 이에게 고지되어야 하는가의 문제이다.

---

34) *JBP*, II, ii; iii, 6; iv, 10.

이 문제에 대해 그로티우스는 약속이 두 가지 방식 중 어느 쪽으로도 이루어질 수 있다고 본다. 즉 '수락됐을 때에 약속이 유효하기를 바란다'는 식과 '수락이 이루어졌음을 알게 됐을 때에 약속이 유효하기를 바란다'는 식 모두 가능하다는 것인데, 다른 특별한 사정이 없는 한 쌍무관계에 있어서는 후자의 의미가 지배적이고, 단순히 자유로운 관계에서는 전자의 의미가 지배적임을 부기하고 있다. 어쨌든 그로티우스는 수락이 있어야 '완전한 약속'의 요건이 완성된다고 보는 것인데, 그러므로 만약 수락이 있은 연후에 비로소 약속이 유효하다는 의사로 행해졌다면 그 수락 전에는 권리가 아직 이전되지 않은 것이므로 수락 전에 약속을 철회한다고 해서 정의롭지 못한 것도 아니고 의사표시에 일관성이 없다고 비난할 수도 없다고 한다. 또한 수락 전에 약속의 상대방이 사망한 경우에도 약속을 철회할 수 있다고 본다. 왜냐하면 수락이라고 하는 것은 당사자의 재량에 속한 것이지 상속인의 재량에 속한 것이 아니기 때문이다. 피상속인과 상속인 중 누구에게 이익이 돌아가도록 하는가의 문제는 큰 차이를 가져오는바 상속인에게 이전될 수 있는 권리를 주기를 의욕하는 것과 그 권리를 상속인에게 주기를 의욕하는 것은 별개인 것이다.35)

의사표시의 방식과 관련하여 그로티우스가 다루고 있는 또 하나의 구체적인 문제는 의사표시가 아직 상대방에 전달되지 않은 경우 그 의사표시를 철회할 수 있는가의 문제이다.36) 이 문제에

---

35) D. 50.17.191. 네라티우스의 회답 : 군주가 [망자에게 양여한 것은] 그가 생존해 있다고 생각해서 양여한 것이지 [생존해 있지 않았더라도] 망자에게 양여했을 것이라고 생각되지는 않는다.

36) *JBP*, II, xi, 17.

대해 그로티우스는 예를 들어 약속한 이의 의사를 상대방에게 전달할 임무를 띤 전령이 사망한 경우 당해 약속을 철회할 수 있다고 본다. 의사표시자의 약속의 이행 의무는 전령이 전달하기로 되어 있는 언어 속에 포함되어 있는 것인데, 이 전령의 사망으로 인해 본인의 의사표시가 상대방에게 전달되지 않았다면 그 약속의 이행 의무도 발생하지 않기 때문이라는 것이다. 여기서 한 가지 흥미로운 점은 그로티우스는 의사표시가 문서에 담겨 있고 그 문서를 전령이 아닌 단순 배달부(tabellarius)가 상대방에게 전달하는 경우는 전령의 경우와 다르게 취급해야 한다고 보고 있는 점인데, 그 이유는 단순 배달부는 (전령처럼) 의무의 도구가 아니라 단지 의무의 도구의 소지자에 불과하기 때문이라는 것이다. 합의내용을 담고 있는 문서는 그 누구에 의해서라도 전달될 수 있는 것이니, 그 전달을 맡았던 이에게 사고가 발생하여 그 문서가 상대방에게 아직 전달되지 않은 상태라 해서 이것이 곧바로 의사표시자의 약속 이행의 의무를 무화시키는 것은 아니라는 뜻이다.

약속에 부가된 부담에 관해서도 그 부담의 부가 시기(時期)와 부담부가의 철회 가부와 시기 역시 어려운 문제를 제기할 수 있는데, 위에서 본 바와 같이 '완전한 약속'의 완성 시점을 수락의 성립 이후로 보고 있는 그로티우스의 입장에서는 이 문제는 그리 어렵지 않게 해결될 수 있다. 즉 아직 약속이 수락에 의해 완성되지 않았거나 신의상 철회할 수 없는 것으로 되지 않은 단계에서는 부담을 부가할 수 있으며, 제삼자의 이익을 위해 약속에 부가된 부담은 그 제삼자가 아직 수락하지 않은 동안에는 철회할 수 있다는 것이다.

또한 간혹 논의되기도 하는 문제는 애당초 약속이 과실에 기하여 의사표시됐더라도 만약 의사표시자가 그 약속 그대로 내용을 유지하기를 의욕한다면 그 약속에 어떤 효력을 부여할 것인가 하는 문제이다. 두려움 기타 원인에 기하여 행해졌다는 이유로 실정법상으로는 효력이 불완전한 약속들일지라도 나중에 그 원인이 소멸된 경우와 마찬가지 차원에서의 질문이라고 할 수 있다. 이러한 경우들의 취급에 있어서는 크게 두 가지 상반된 견해가 존재해 왔다. 한 가지 의견은 이 경우들에 있어서 효력이 인정되기 위해서는 먼저 외적 행위(actum externum)가 있고 여기에 내적 행위(actum internum)가 덧붙여지면 이로써 구속력을 갖는 데 충분하다고 생각한다. 반면 이와 같은 의견에 만족하지 않는 이들은 이 경우 외적 행위가 내적 행위의 후속적 표지(signum actus interni sequentis)가 될 수 없다는 것을 이유로 새로이 구두로 행해진 약속과 수락을 요구하기도 한다. 이와 같은 두 가지 대립된 견해 사이에서 그로티우스는 일종의 절충적 입장을 취한다. 즉 약속의 대상인 물건을 약속의 상대방 측에서 보유하고 있다든지 약정인 측에서 포기했다든지 기타 이와 유사한 경우에는 새로이 약정을 구두로 할 필요는 없고 외적 행위만으로도 양자 간의 합의를 유의미하게 만드는 데 충분하다고 보는 입장인 것이다.

이상의 논의에서 알 수 있는 것은 그로티우스는 의사표시의 효력과 그로부터 발생하는 의무를 논함에 있어 원칙적으로는 자연법적 입장에서 문제의 해결을 도모한다는 점 그리고 만약 이와 다른 해법이 실정법에 마련되어 있다면 그에 따라야 하겠지만 어떤 실정법이 설사 마치 로마법처럼 오랜 권위를 누려 왔더라도 그 관련 규정이 자연적 형평성에 어긋나는 해법을 제시하고 있다고 보일 때에는 그를 최소한 학설적인 차원에서는 비판하기를 망설이지 않는다는 점 등이다. 실정법과 자연법상 해법의 차이를 보이는 경우로서 예를 들어 아무런 원인을 표시하지 않은 약속에 대해서 비록 실정법에서는 그를 당연 무효로 취급하는 규정이 있다손 치더라도 개인의 처분권능과 의사를 권리행사의 가장 중요한 요소로 보는 그로티우스의 입장에서는 이는 당연 무효는 아니라고 보는 것이다. 이것은 마치 우리가 재산을 증여할 때에 반드시 특정한 원인이 있어야만 그 증여가 유효한 것이 되는 것은 아닌 것처럼 약속의 의사표시를 할 때에도 그것이 '완전한 약속'의 요건만 충족한다면 그 외에 특정한 원인을 전제하여 약속의 효력 유무를 따질 필요는 없다는 것이다.

또한 이상의 논의에서 한 가지 더 알 수 있는 점은 그로티우스는 법률관계에 있어 상호신뢰 또는 신의성실의 원칙을 의무이행의 매우 중요한 척도로 보고 있다는 점이다. 예를 들어 어떤 이해당사자(=상대방)에게 제삼자의 행위를 약속했는데 결과적으로 그 제삼자의 행위가 제대로 이루어지지 않은 경우에 의사표시자는 어떤 책임을 지는가의 문제를 생각해 볼 수 있다. 제삼자의 행위도 분명 약속의 내용을 이루기 때문에 의사표시자가 그 실현을 위해 노력해야 할 의무를 지는 것은 당연하다. 그런데 자신의 입장에서 할 수 있는 한 모든 노력을 기울였는데도 불구하고 결국 제삼자의 행위를 성공적으로 이끌어내지 못했다면, 그로티우스는 이러한 경우에 의사표시자가 그에 대해 더 이상의 의무를 지도록 할 수는 없다고 본다. 왜냐하면 약속의 대상이 된 행위의 주체는 의사표시자가 아니고 제삼자이므로 그 제삼자로 하여금 당해 행위를 하도록 최선의 노력을 기울였는데도 불구하고 그 행위 자체의 실현에 성공하지 못했다고 하더라도 그 제삼자를 강제할 수는 없는 노릇이기 때문이다. 따라서 이런 경우에는 의사표시자는 제삼자의 행위의 실현에 최선의 노력을 다했다는 것을 증명함으로써 약속의 이행에 대한 자신의 의무를 다했다고 봄이 마땅하고 그 이상으로 원래 약속에서 정한바 제삼자의 행위를 강요하는 것은 부당하다고 보는 것이다. 이것은 리비우스가 말했다시피 "마치 신의(fides)를 다하여 해결한 것과 같으니, 이행되지 않은 바는 그를 통해 이루어질 수 없었던 것이기 때문이다"[37]고 인문주의 법학자 그로티우스는 덧붙이고 있다. 물론 여기에는 단서가 있을 수 있음을 그로티우스는 분명히 하고 있다. 즉 특별한 구두의 약속이 있었거나 사안의 성격상 보다 엄격한 의무를 야기시키는 약속이었던 경우에는 그렇지 않다는 것이다.

요컨대 약속처럼 예나 지금이나 매우 복잡한 법률적 쟁점을 제기하고 있는 문제에 있어서도 그로티우스는 언제나 자연적 형평에 기초하여 그 해결을 모색했음을 알 수 있었으며, 이 방법이야말로 사물을 올바로 통찰하여 문제를 (우려하는 것보다는) 쉽게 해결하는 길임을 독자들에게 상기시켜 주고자 했음을 알 수 있었다.

---

37) 제2권 32.

제5장

17세기 영국의 정치사상에 있어 그로티우스
─ 튜 서클에서 휘그당까지 ─

　　그로티우스의 사상이 유럽[1]과 미국의 근대정치사상에 끼친 영향의 전 범위를 측정하는 것은 짧은 논저로 다룰 수 있는 성격의 문제가 아니다. 사무엘 폰 푸펜도르프(1632-1694)와 같은 그로티우스의 차세대 추종자들은 말할 것 없이, 대부분의 근대 자연법론자들은 이 네덜란드의 철학자에게 어느 정도 빚을 지고 있는 것이 사실이다. 이것은 물론 그와 후세대 사이에서 발견되는 양립불가능한 차이들을 인정하더라도 마찬가지이다.[2] 그로티우스의 이론이

---

1) 그로티우스가 모국의 정치사상에 미친 영향에 대해서는, Blom을 보라.
2) 그의 비판자들, 예를 들어 루소의 이론을 이러한 관점에서 재검토할 필요가 있다. 루소에 대한 푸펜도르프의 영향에 대해서는 Robert Derathé, *Jean-Jacques Rousseau et la science politique de son temps*, 2e éd., Paris : J. Vrin, 1979.

갖고 있는 근대성을 증명하기 위해서 본장에서는 그가 17세기 도 버해협 너머로 미친 영향에 대해서만 검토하기로 한다. 당대 영국 인들 사이에서의 그로티우스의 현존을 목도하는 것이 근대의 정치 적 자유주의에 미친 그의 현실적이고도 직접적인 공헌을 확인하는 최선의 방법일 것이기 때문이다.

16세기와 17세기의 영국의 정치적 상황은 그로티우스의 네덜란 드와 그리 다르지 않았다. 영국인들도 "피[血]의" 메어리 1세(r. 1553-1558) 이후 폭력적인 종교적 갈등으로 고통받아야 했으며, 엘 리자베트 시대(1558-1603) 역시 팍스 앙글리카나를 자처하기에는 국내적, 국제적 갈등으로 너무나 깊게 물들어 있었다. 이후 영국인 들의 확장적 해외무역과 프로테스탄트에 편향된 종교정책은 스페 인인들과 1585-1604년 그리고 1625-1630년 두 차례에 걸쳐 군사충 돌을 경험케 했다. 그리고 찰스 1세의 통치 하에서의 의회주의자 들과 왕정주의자들 간의 종교적, 정치적 갈등은 마침내 내전 (1642-1651)을 일으키게 된다. 바로 이처럼 연기로 가득 찬 환경 속에서 튜 서클이라 불리는 정치집단이 형성되게 된 것이다.3)

그로티우스는 튜 서클이 선호하던 저자 중의 한 명이었다.4) 서

---

3) 이 서클의 이름은 포크랜드의 2대 자작이었던 루셔스 케리(Lucius Cary, c. 1610-1643)의 장원 그레이트 튜(Great Tew)에서 따온 것이다. 그의 집에서 종교적 관용을 요구하는 자들의 회합이 열렸던 것이다. 이 모임에는 옥스퍼드의 성직자(Gilbert Sheldon, George Morley, John Earle, Henry Hammond, John Hales of Eton), 철학자(Hobbes, Chillingworth), 시인(Ben Jonson, Edmund Waller, Abraham Cowley, George Sandys), 키퍼 코벤트리 경(Lord Keeper Coventry)의 아들들과 루셔스 케리 등이 있었다. 그리고 여기에 훗날 케리의 예배당목사인 휴 크레시(Hugh Cressy)가 합류한다.

4) Barbour, pp.62, 72 그리고 78-79. 그로티우스가 튜 서클 내에서 본격적

클의 호스트였던 루셔스 케리의 입장에서 볼 때 그로티우스가 칭송받아야 하는 이유는 그의 고상하고 깊은 신앙심, 학자로서의 명석함, 합스부르크가(家)에 대항하여 스웨덴에 준 외교적 도움 때문만 아니라5) 무엇보다 그의 관용적 정신 때문이기도 했다. 케리는 그로티우스가 『기독교의 진리』6)에서 설파한바 신앙을 전파하기 위해 무력을 사용하는 것은 기독교인을 이슬람의 전도사로 만드는 것에 다름 아니라는 점에 동의했다. 게다가, 『전쟁과 평화의 법』의 주요 관심사는 『포획법 주해』에서와는 달리 종교전쟁을 제한할 자연법칙의 체계를 세우는 데 있었음에도 불구하고, 그로티우스의 정당한 전쟁의 이론은 윌리암 로드 대주교의 억압적 정책에 대한 프로테스탄트의 저항을 정당화해 주는 것처럼 보였다.7)

그로티우스의 신학적 자유주의 역시 튜 서클의 주도적 회원 중의 한 사람이었던 영국국교 신학자 헨리 해몬드(1605-1660)의 지지

으로 논의의 대상이 된 것은 그의 『그리스도의 수난』의 영역본(샌디스 역)이 출판되던 1640년 경으로 보인다(Tuck, 1993, p.272). 튜 서클에서 즐겨 논의되던 저자로는 에라스무스와 리차드 후커(1554-1600)가 있었다. 튜 서클에서의 후커와 그로티우스에 대해서는, Trevor-Roper, 1987, pp.189-199.
5) 1634년 그로티우스는 프랑스 주재 스웨덴 대사로 복무했다. 스웨덴의 왕 구스타부스 아돌푸스는 그로티우스를 존경한 나머지 전투에 임할 때면 반드시 성경과 함께 그의 『전쟁과 평화의 법』을 소지했다고 한다. Nabulsi, p.129.
6) 라틴어 초판은 1627년에 출판되었고, 영역본 초판은 1632년에 프란시스쿠스 아 산타 클라라(본명 Christopher Davenport, 1598-1680)에 의해 출판된다. 본 논문의 부록 참조. Cf. John Berchmans Dockery, *Christopher Davenport, Friar and Diplomat*, London: Burns & Oates, 1960.
7) Tuck, 1979, chapter 3.

를 받았다.[8] 그는 그로티우스의 진정한 찬미자였고 1640년대 말부터 1650년대에 이르기까지 "영국에서 일어난 '그로티우스 종교'의 주요 대표자"가 되었다.[9] 해몬드는 그로티우스와 같은 방법론을 사용하여 계시록에 관한 자신의 해석을 완성하기도 했다.[10] 이는 그가 계시록에 담긴 예언적 요소를 부정하는 것은 아니었지만 그로티우스와 마찬가지의 역사적, 이성적 관점에서 계시록에 접근했다는 뜻이다. 그리고 그로티우스의 비판자들에 대한 답으로 해몬드는 1655년 이 "매우 학식이 뛰어나고, 경건하고, 사리분별이 올바른" 그로티우스를 옹호하는 글을 두 편 발표한데다 2년 후에 또 다시 『속(續) H. 그로티우스 변론』을 펴낸다.[11] 정치적 평화와 종

---

8) Berg, pp.109-110; Martin van Gelderen, "'So merely humane' : theories of resistance in early-modern Europe," in : Brett et al. (ed.), pp.149-170, 특히 161-162.

9) Tuck, 1993, pp.272-273.

10) Grotius, *Annotationes in libros Evangeliorum*, Amsterdami, apud J. et C. Blaeu, 1641; Hammond, *A Paraphrase and Annotationes upon all the Books of the New Testament, briefly Explaining all the Difficult Places thereof*, London : J. Flesher for Richard Royston, 1653.

11) (1) "A digression concerning some jealousies spread of Hugo Grotius" (이그나티우스[Ignatius] 서간과 주교제도론에 관한 자신의 저작[1655]에 수록); (2) *A second defence of the learned Hugo Grotius; or, a vindication of the digression concerning him, from some fresh exceptions*, London : J. Flesher for Richard Royston, 1655; (3) *A continuation of the defense of H. Grotius, in an answer to the review of his Annotations; whereto is subjoyned a reply to some passages of the reviewer in his late book of schisme, concerning his charge of corruptions in the primitive church; ... To which are added two short answers to some passages of the author of A mixture of scholastical and practical divinity*, 1657. Cf. James Fraser of Pitcalzian, *The Scripture Doctrine of Sanctification; being a critical explication and paraphrase of the sixth and seventh chapters of the Epistle to the Romans, and the four first verses of the*

교적 화해에 대한 그로티우스의 열망 또한 해몬드에게는 영국의 교회를 온건화하는 데 필요불가결한 덕으로 보였다. 관용과 신의 의지에 대한 이성적 해석은 그로티우스의 종교사상의 핵심이었고, 이러한 주장은 이성을 중요시한 주요 신학자들이 포진하고 있던 튜 서클에서 상당한 역할을 수행했던 것이다.

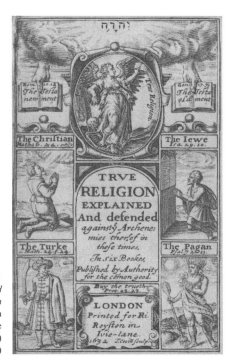

『기독교의 진리』 1632년 영역판 표지
(*True Religion Explained, and Defended against the Archenemies thereof in These Times.* In six bookes. Written in Latine by Hugo Grotius, and now done in English for the common good)
(출처 : Folger Shakespeare Library)

---

eighth chapter, wherein the true scope and sense ... of that ... much disputed context is cleared and asserted against the false interpretations of Grotius, Hammond, Locke, Whitby, Taylor, & Alexander, Edinburgh : J. Ogle, etc., 1813.

법과 정치의 관점에서도 그로티우스는 17세기 영국에 적지 않은 지지자들을 갖고 있었다. 팸플릿 저자 헨리 파커(1604-1652)[12]는 일신에 대한 자연권은 절대적이라는 데 그로티우스와 동의한 위에 더 나아가 그로티우스의 사회계약론을 수정하여 다음과 같이 주장했다. 즉 만약 자연상태의 사람들이 자신들의 생명을 보호할 유일한 방법은 자신들의 자유를 희생하는 것이라는 데 의견의 일치를 본다면 전제주의도 세울 수 있는 완벽한 근거를 마련하는 것이며, 헌법적 규정들을 통해 그 정치권력의 내용을 구체화하게 된다는 것이다. 한편으로는 그로티우스의 의회주의에 찬성하면서도 『전쟁과 평화의 법』의 단순한 찬미자라기보다는 비판적 독자였던 파커는 이렇게 해서 그로티우스의 귀족제적 정치관을 버리고 자신의 인민주권론에 도달하게 되었던 것이다. 또 다른 팸플릿 저자 리차드 오버튼(c. 1599-1664)[13] 역시 그로티우스의 소유론에 찬성을 표했다. 비록 그로티우스에 대한 그의 이해는 그로티우스가 원래 주장한 바와 약간의 차이를 보여, 그로티우스가 소유는 시민협약의 결과라 설명한 데 반하여 오버튼은 소유는 시민적 구성물이라기보다는 자연권이라고 주장하긴 했지만, 어쨌든 자연권으로서의 소유는 오버튼에게 있어 위의 파커와는 달리 전제주의의 가능성을 부정할 수 있는 기초를 마련해 주었다는 점을 지적해야 할 것이다.

---

12) Michael Mendle, *Henry Parker and the English Civil War : The Political Thought of the Public's "Privado"*, Cambridge : Cambridge University Press, 1995, pp.xi-xiv, 97, 87 그리고 131-132; Scott, p.288; Gelderen, *art. cit.*, pp.163-164.
13) Scott, p.288.

내전이 일어나기 전 찰스 1세의 절대주의에 반대했던 이들은 이러한 관점에서 그로티우스의 사회계약론에서 자연권으로서의 저항권을 정당화해 주는 강력한 근거를 발견하게 된다. "사회적 취향"을 지닌 존재14)로서의 인간은 시민사회를 형성하게 되고 그 속에서 사유재산을 제도화하게 된다. 그런데 어느 한 개인의 권리가 다른 이의 권리와 충돌하게 되는 경우, 사회는 그들의 분쟁을 중재할 모종의 권위를 필요로 하게 된다: 국가의 탄생. 국가의 주요 임무는 입법과 사법이라 하겠는데,15) 이를 위해 사람들은 국가의 헌법적 규율, 행정, 민형사 재판을 담당할 관리를 필요로 하게 된다.16) 자신의 권력은 신법으로부터 나왔다고 주장했던 찰스 1세 하의 정치적 맥락 속에서 그로티우스의 이러한 논리가 갖는 의미는 매우 분명했다. 로크가 나중에 주장하듯이, 왕권은 개인들로 구성된 시민사회로부터 도출되는 것이지 신으로부터만 나오는 것은 아니라는 것이다.17)

또한 그로티우스에게 있어 저항권을 행사할 수 있는 것은 인민 자신이 아니라 하급권자들이 그 상급권자에 대해서 행사할 수 있었던 것이라는 점을 지적해야만 할 것이다.18) 그는 "최고권력은

---

14) *JBP*, Prolegomena, fol. 6^r.
15) *JPC*, II, p.43.
16) *JPC*, VIII, pp.136-137: "관리의 모든 권한은 국가로부터 오며, 국가의 모든 권한은 개개 사인(私人)들로부터 온다. 마찬가지로 국가의 권력은 우리가 제3원칙을 논의할 때 설명한 바와 같이 집단적 합의의 결과인 것이다." 이러한 의미에서 우리는 그로티우스에게 있어 사회계약은 인민의 시원적 주권을 폐기하는 행위(Skinner, II, p.184)가 아니라, 단지 그 주권을 위임하는 행위였다고 말할 수 있다.
17) Tuck, 1993, p.177; Sommerville, p.58.
18) 이것은 16세기말 칼벵주의자들이 주장했던 바와 일맥상통한다.

어디에서든 예외 없이 인민에게 속하여 왕이 권력을 남용할 경우 왕을 강제하거나 벌할 수 있다"고 하는 주장을 분명하게 거부했다.[19] 자연상태에서는 각 개인이 타인의 폭력에 대항하여 "제2법칙에 근거하여 자신의 소유를 방어"할 수 있었다.[20] 하지만 시민국가에 있어서는 그것은 관리들의 몫이지 인민의 몫이 아니다.[21] 왕이 자연법에 부합하여 통치하는 한 "최고권위자로서의" 그에게 복종해야만 하며, 이것은 성서와 올바른 이성과 경건한 고대의 결정들이 명한 바이다. 하급권자들은 "그의 사절(使節)과 부하"에 지나지 않는다.[22] 하급권자들이 왕의 정치적 정당성을 문제 삼고 그에게 저항할 수 있는 것은 왕이 권력을 남용하고 신민의 자연적 권리들을 보호하기를 거부할 때이다.

그로티우스의 저항권이론은 이처럼 "온건"했지만,[23] 내전 발발 전의 의회주의자들의 주의를 끌기에 충분히 매력적이었다. 왜냐하

---

19) *JBP*, I, iii, 8, pp.67-68. 몇 페이지 뒤에 가서(pp.70-71) 그로티우스는 아이스퀼로스(*Supplices*, 370-373)를 인용한다: "그대가 인민의 왕이며 그대가 전 도시 자체라오 / 어느 재판관에도 복종함 없이 / 왕국의 왕좌를 다스리는 것은 / 오직 그대의 결정뿐이라오." 이것은 매우 "놀라운" 인용이라 할 수 있는데, 왕은 언제나 인민의 의견을 참작해야 한다고 한 그로티우스의 일반적 주장과는 배치되기 때문이다(Kinch Hoekstra, "A lion in the house: Hobbes and democracy," in: Brett *et al.* [ed.], pp.191-218, 특히 198 그리고 204). 이 모순된 주장은 최고권력의 성격과 그 절대적 장악에 대한 그로티우스의 구분을 검토함으로써 어느 정도 완화될 수 있을 것이다. Cox, p.392.

20) *JPC*, VII, p.103.

21) 그로티우스는 의심할 필요 없이 민주주의자라기보다는 귀족주의자였다.

22) *IPC*, III, 7, p.215.

23) Zuckert, pp.123-124.

면 이들이 보기에는 그로티우스가 그의 사회계약론과 저항권이론
으로써 스페인에 대한 네덜란드의 항거에 있어 의회의 역할을 강
조할 수 있었던 것처럼24) 영국의 의회주의자들도 자신들의 정치
적 목적을 위해 그로티우스의 이론을 원용할 수 있을 것이라 생각
했기 때문이다. 필립 2세의 폐위에 대한 그로티우스의 정당화25)
역시 찰스 1세의 정치적 반대자들에게는 매우 유용한 논거로 비추
어졌다. 그리하여 원래 절대주의자였던 캘러뷰트 다우닝 목사
(1606-1644)26)도 1640년 설교27)에서 "이성의 그로티우스"를 인용하
면서 권력자들이 인민과 맺은 계약을 지키지 않고 오히려 인민의
적이 될 경우 신의 인민은 "묘약, 즉 안녕을 위해 허용된 바"에
의지할 수 있다고 주장했던 것이다.

내전 중에도 마찬가지로 적지 않은 수의 의회주의자들이 계속
해서 그로티우스의 핵심적 정치사상을 원용하여 왕정주의자들에

---

24) 당시 네덜란드는 스페인의 지배하에 있었다. 여기서 한 가지 주의할
점은 그로티우스는 네덜란드의 "최고권자"는 스페인의 왕이 아니라
의회의 구성원들이라고 보았다는 점이다(*JPC*, XIII, p.396). 네덜란드의
항거라는 정치적 맥락 속에서 그로티우스가 주장하고자 했던 바는, 그
러므로, 네덜란드인에 대한 스페인왕의 보호의무가 아니라 "평화적 상
황에 외국군대가 불법적으로 가한 무력에 대항해서" 국가와 시민을
보호할 국가최고권자들의 의무였던 것이다.
25) *JPC*, XIII, p.397.
26) Cf. Leslie Stephen (ed.), *Dictionary of National Biography*, London:
Smith, Elder & Co, 1888, XV, pp.398-399.
27) *A Sermon preached to the Renowned Company of the Artillery, 1
September, 1640. Designed To Compose the present Troubles, by
Discovering the Enemies of the Peace of the Church and State. Published
by the honourable house of Commons*, London: E. G. for Iohn Rothwell,
1641, p.37.

맞선 자신들의 전쟁을 정당화했다. 앤터니 아샴(d. 1650)의 『해몬드 박사의 주장에 대한 답변』28)에서 자연권으로 묘사된 자유, 생명 그리고 폭정을 해결할 제도적 장치로서의 귀족제 등은 그로티우스의 자연권론과 정치사상을 상기시켜 주고도 남음이 있다. 아샴이 자신의 다른 저작 속에서 그로티우스를 수도 없이 인용하고 있는 것은 두말 할 필요도 없을 것이다. 또한 영국의 그로티우스적 의회주의자들의 명단에서 그로티우스와 오래 전부터 서신을 주고받았던 존 듀리(1596-1680)를 빼놓을 수 없을 것이다. 듀리의 신학이 그로티우스로부터 얼마나 영향을 받았는가를 논하는 것이 쉽지는 않지만, 그럼에도 불구하고 우리는 그의 1649년도 저술들에서 주로 다루어졌던 정부의 정당성과 제한적 저항권 등의 주제는 어느 정도 그로티우스에게 빚지고 있었음을 알 수 있다.29)

물론 17세기 영국의 모든 저자들이 그로티우스의 신학, 정치사상에 의견을 같이했던 것은 아니다. 로버트 필머(1588-1653)는 그의 가장 강력한 비판자였다.30) 홉스, 밀튼, 그로티우스 등의 이론

---

28) Antony Ascham, *An Answer to the Vindication of Doctor Hamond, against The Exceptions of Eutactus Philodemius. Wherein is endeavored to be cleared What Power Man hath. 1. Over his own Liberty, (which is) his ALL. 2. Over his own Life, for which he will give that ALL*, London: Francis Tyton, 1650. Cf. Tuck, 1993, p.257.

29) John Dury, *A Case of Conscience, Concerning Ministres meddling with State Matters in or out of their Sermons, Resolved more satisfactorily than heretofore*, London, 1650; *Considerations concerning the present Engagement; whether it lawfully may be entered into, yea or no? The second edition corrected and amended*, London, 1650. Cf. Tuck, 1993, pp.257-258.

30) Lee Ward, *The Politics of Liberty in England and Revolutionary America*, Cambridge : Cambridge University Press, 2004, p.72 ff.;

을 검토하고 있는 자신의 『정부의 기원에 관한 고찰』[31])에서 필머
는 그로티우스의 주장을 아래와 같이 요약하고 있다:

1. 시민사회의 권력은 인민의 의지에 의존한다고 한다.
2. 사인(私人) 또는 다중이 그들의 군주에 맞서 무기를 들 수
   있다고 한다.
3. 마치 인민이 영주이고 왕은 그들의 소작인이기나 한 것처럼,
   합법한 왕일지라도 그 왕국에서 아무런 소유를 갖지 못하고
   단지 수익권만을 갖는다 한다.
4. 상급권자에게 저항하지 않는 것은 우선적으로 인민의 의지에
   달려 있는 인간법이라 한다.
5. 최초의 인민의 의지를 알 수 없을 경우에는 그의 해석은 현
   재의 인민이 담당한다고 한다.

필머에게 있어 그로티우스의 주장 중 가장 혐오스러웠던 점은
"왕이 권력을 오용할 경우 왕을 축출하거나 벌할 수 있는" 합법적
권한이 인민에게 있다고 하는 것이었다. 그로티우스의 자연법론에
관한 필머의 이해가 너무 단순화되어 있고 어떤 의미에서는 왜곡
되어 있다는 것은 분명하다. 그러나 보다 중요한 것은 이러한 필

Gelderen, *art. cit.*, p.163. 그로티우스는 또한 캠브리지의 플라톤주의자
헨리 모어(1614-1687)로부터 심한 비판을 받았다. Cf. Berg, pp.111-113.

31) Robert Filmer, *Observations Concerning the Original of Government,
    upon Mr. Hobs Leviathan; Mr Milton against Salmasius; Hugo Grotius
    De Jure Belli*, London: R. Royston, 1652, in : *Idem, Patriarcha and
    Other Writings*, ed. Johann P. Sommerville, Cambridge : Cambridge
    University Press, 1991, pp.184-234 (인용문은 p.222). 필머가 인용하고
    있는 그로티우스의 주장은, *JBP*, I, iii, 17, 1 (ed. 1625, p.83).

머의 당파적 이해는 다른 한편으로는 어떤 이들에게는 영웅적 선구자로 비추어지고, 다른 이들에게는 반란을 선동하는 이로 비추어지던 그로티우스를 17세기 영국의 사상가들은 어떤 식으로 이해하고 있었는가를 여실히 보여 준다는 점이다 (물론 어느 경우에든 그로티우스가 혁명가로 불리기에는 아직 시기상조였다).

신법으로부터 독립한 자연권으로서의 인간의 자유는 그로티우스와 영국의 자연법론자들 간의 공통점이라 하겠다. 『자연법과 만민법』32)에서 존 셀든(1584-1654)은 더 나아가 유태인의 법전의 예를 통해 실정법을 자연법으로부터 분리시킬 수 있다고 주장하기도 했다.33) 토마스 홉스(1588-1679)로 말하자면, 비록 그의 자연법론이 그로티우스의 자연법론과 양립불가능한 많은 차이점을 보여 주긴 하지만, 『시민론』(1642)이나 『법의 요소』(1650)와 같은 그의 초기저작뿐만 아니라 심지어 그의 『리바이어던』(1651)도 계보상으로는 그로티우스의 저작 『자유해양론』(1609), 『전쟁과 평화의 법』(1625) 그리고 『기독교의 진리』(1627) 등의 아래에 있다고 보는 견

---

32) John Selden, *De Jure naturali et Gentium juxta Disciplinam Hebraeorum libri septem*, Londini, Richardus Bishopus, 1640. 셀든에게 있어 그로티우스는 법률가와 신학자로서의 명성을 얻을 만한 충분한 자격이 있는 사상가였다 (*The History of Tythes*, 1680, p.xx; *Table-Talk*, 1689, p.3).
33) 푸펜도르프는 셀든의 이러한 시도가 실패했다고 보았는데, 그것은 셀든이 자연법의 기원에 크게 주의를 기울이지 않고, 자연법을 만민이 인정할 수 있는 전제로부터 도출해 내기보다는 노아의 7계로부터 도출했기 때문이며, 또한 유태인 법률가들의 견해가 일반적 건전한 이성의 관점에서 수용할 만한가 여부를 검토하지 않은 채 그들에게 과도한 권위를 인정했기 때문이다. Tim J. Hochstrasser, *Natural Law Theories in the Early Enlightenment*, Cambridge: Cambridge University Press, 2000, pp.66-67.

해도 있음을 적기할 필요가 있다.34) 셀든과 홉스의 자연법론을 살펴보는 것은 본 논문의 범위를 벗어나므로, 이제 17세기 후반으로 넘어가 영국의 자유주의적 정치사상에 광범위하게 수용된 그로티우스의 자연법론에 관해 간략히 살펴보도록 하자.

캠브리지의 철학자 리차드 컴버랜드(1631-1718)의 『자연법에 관한 철학적 논의』35)가 그로티우스와는 다른 방법론을 취하여 자연법을 연역해 내고 "자신의 생각을 뒷받침하는 수학적 공식이나 유추 등을 최대한" 사용하고 있기는 하지만36) 컴버랜드에게 있어 그

---

34) 이러한 견해의 대표자는 R. Tuck이다. 이에 대한 비판과 홉스를 그로티우스와의 연관 속에서 읽어야 . 하는지 여부에 대해서는, Perez Zagorin, "Hobbes's Early Philosophical Development," in: *Journal of the History of Ideas*, 54 (1993), pp.505-518; "Hobbes without Grotius," in: *History of Political Thought*, 21 (2000), pp.16-40. Cf. Haakonssen, *art. cit.*, pp.1330-1333. 적어도 『법의 요소』에서 홉스는 자연상태 하에서의 상업의 자유라는 생각에 동의하면서 이의 논증을 위해 아테네인들과 메가라인들과의 전쟁을 예를 들고 있는데, 이 예는 그로티우스(*MR*, I, p.12)가 들었던 예와 동일하다는 것은 주목할 만하다. 이 문제에 대한 홉스의 입장변화에 대해서는, David Armitage, "Hobbes and the foundations of modern international thought," in: Brett *et al.* (ed.), pp.219-234, 특히 230.

35) Richard Cumberland, *De legibus naturae disquisitio philosophica, in qua earum forma, summa capita, ordo, promulgatio & obligatio e rerum natura investigantur; quinetiam elementa philosophiae Hobbianae, cum moralis tum civilis, considerantur & refutantur*, Londini, Typis E. Flesher, apud Nathanaelem Hooke, 1672. 이 책은 그로티우스와 푸펜도르프의 18세기의 유명한 번역자 장 바르베락에 의해 불어로 번역이 되었다 (*Traité philosophique des loix naturelles*, Amsterdam: P. Mortier, 1744). 컴버랜드는 서론(§ 1)에서 그로티우스가 결과에서 원인을 추론해 내는 방법을 취했다면 자신은 원인에서 결과를 추론해 내는 방법을 취했다고 쓰고 있다.

36) Jerome B. Schneewind (ed.), *Moral Philosophy from Montaigne to Kant*, New York : Cambridge University Press, 2003, p.138.

로티우스의 저작은 "불멸의" 것이었으며, 결론에 있어 그리고 옥스퍼드의 철학자 홉스의 이기심에 편향된 자연법론37)에 대한 자신의 반론에서 컴버랜드가 그로티우스와의 방법론상의 차이보다는 내용상 공통점을 더 많이 지니고 있었음은 부인하기 어려울 것이다.

우리의 관심을 그로티우스의 자연법론이 미친 정치적 영향에 한정하자면, 휘그당의 정치사상을 살피는 것보다 더 유용한 것은 없을 것이다. 왜냐하면, 주지하다시피, 휘그주의는 그로티우스는 프로테스탄티즘, 신권적 절대주의에 대한 반대 등뿐만 아니라 자연법철학과 이성주의 등을 공통점으로 가지고 있기 때문이다. 게다가 휘그를 로크적인 의미에서는 사회계약론자들로 보기는 어려울지라도38) 그로티우스적인 의미에서는 그들은 분명 사회계약론자들이었다 할 수 있을 것이다.39) 제한적 왕권에 관한 그들의 주장이 그로티우스 사회계약론의 핵심이라고 할 인민의 동의에 기초하고 있었기 때문이다. 네덜란드의 헌법적 질서에 대한 그의 역사적 접근과 그의 사회계약론은 이처럼 영국의 정치사상전선에서 큰 저항 없이 받아들여져 휘그주의의 중심에 위치하게 되었던 것이다. 1670-1680년대에 그로티우스의 저작의 영역본들이 활발히 재

---

37) 그로티우스 역시 홉스가 『시민론』에서 제시한 "bellum omnium contra omnes" 테제를 비판한 바 있다. Grotius to Willem de Groot, 11 April 1643 : "Putat inter homines omnes a natura esse bellum et alia quaedam habet nostris non congruentia" (*Briefwisseling*, XIV, p.199).

38) H. T. Dickinson, "Whiggism in the Eighteenth Century," in : John Cannon (ed.), *The Whig Ascendancy : Colloquies on Hanoverian England*, London: Edward Arnold, pp.28-50 그리고 200-202.

39) Zuckert, pp.98 그리고 123.

편집되었다는 사실40)은 휘그당이 그로티우스의 정치사상을 부활시키는 데 관심을 갖고 있었다는 것을 보여 준다고 말할 수 있다.

이렇게 해서 우리는 소유와 자유에 관한 그로티우스의 이론이 튜 서클이나 파커와 같은 초기 의회주의자들로부터 시작해서 오버튼과 같은 평등주의자를 지나 휘그당에 이르기까지 17세기 영국의 인민주권자들에게 정치사상의 초석으로 받아들여졌음을 확인할 수가 있었다. 그로티우스의 자연법론과 이성주의는 영국인들의 종교적 관용을 향한 노력 중에서 그리고 그들의 자유주의적 정치사상의 발전과정에서 주요한 역할을 수행했음을 보았다. 그로티우스의 이론은 오렌지공 윌리엄 3세가 명예혁명을 통해 영국의 왕이 되기 훨씬 이전에 네덜란드에서 영국으로 건너와 있었던 것이다.

***

그로티우스에 관한 최근의 몇몇 연구는 그의 철학과 방법론이 근대적 자연법론을 기초 지었다기보다는 오히려 스콜라철학, 주의주의, 심지어 회의주의에 뿌리를 두고 있었다는 것을 밝히려 시도하는 경향이 있다. 하지만 우리가 위에서 보았다시피 그의 이성주의는 회의주의와는 거리가 있었으며, 스콜라의 권위와 회의주의적 전제의 원용은 수사적 설득력을 목표로 한 전술적 선택이었다. 그로티우스가 진정 밝히고자 했던 것은 올바른 이성으로부터 도출되고 신조차 부정할 수 없는 자연법의 확실성이었다.

---

40) 본서의 부록을 보라.

이제 보비오가 홉스를 선호하여 그로티우스의 자연법론의 근대성에 내린 판단은 재고되어야 할 것이다. (1) 홉스의 일련의 저작[41]이 자연법의 일람표를 제시하고 있는 것은 사실이나, 그로티우스가 홉스에 최소 17년 앞서 그의 『포획법 주해』에서 이미 나름대로의 목록을 제시했다는 것도 사실이다. 9개 원칙과 13개 법칙의 표는 매우 논리적인 순서로 정돈되어 있어 보비오가 『전쟁과 평화의 법』을 겨냥하고 말했듯이 "일반원리의 광범위하고 유연한 목록"으로 보기 어렵다 하겠다. (2) 그로티우스가 스토아 철학자가 아닌 이상 그의 "사회적 취향" 역시 스토아적 개념으로부터 단순히 빌려 온 것이라 말하기 어렵다. 사회적 취향은 그로티우스의 사회계약론이 기초한 인간본성의 일부이지, 보비오가 말하듯이 아리스토텔레스와 토마스 아퀴나스를 "모호하게 반복"한 것이 아니다. 따라서 비코가 그로티우스에게 "인간사회의 법률가"란 칭호를 준 것은 전혀 이유가 없지 않다 하겠다. (3) 우리가 효용을 오로지 이기적인 관점에서만 이해한다면, 그로티우스는 분명 홉스보다는 덜 공리주의적이라 할 수 있다. 하지만 우리는 그로티우스에게 있어 제1원칙은 자기애 또는 자기보존이었음도 보았다. 그리고 그의 텍스트를 면밀히 읽어 본다면 그의 자연법론이 홉스만큼이나 "utilitas"에 관한 용어로 채워져 있음도 발견하게 될 것이다. 따라서 그로티우스가 자기에 대한 사랑과 타자에 대한 사랑 간의 균형을 자연적 원칙으로 삼으려 시도했다는 점에 그의 독창성을 찾는 것은 그리 틀린 일이 아닐 것이다. (4) 이러한 의미에서 '의무중심적인 그로티우스'는 재고되어야 할 것이다. 이제 많은 역사가들이

---

41) 『시민론』, II 그리고 III; 『법의 요소』; 『리바이어던』, XIV 그리고 XV.

함께 인정하듯이, 그로티우스야말로 주관적 권리의 개념을 최초로 법학에 도입한 법철학자인 것이다.

그로티우스는 셀든, 로크, 푸펜도르프에 앞서 자유를 향한 지적 흐름을 형성한 근대 자연법론자들의 선구자였던 것이다.

부록 1.

『포획법 주해』서문에서 발췌한 9개 원칙과 13개 법칙

원칙 1. 신이 자신의 의지라고 밝힌 바가 곧 법이다.

　법칙 1. [자기 자신의] 생명을 방어하는 것과 유해하다고 판명되는 위협을 방지하는 것이 허용될 수 있어야 한다.

　법칙 2. 어느 누구도 동료에게 해를 가해서는 안 된다.

원칙 2. 인류의 일반적 합의로써 만인의 의지라고 밝혀진 바가 곧 법이다.

　법칙 3. 어느 누구도 동료에게 해를 가해서는 안 된다.

　법칙 4. 어느 누구도 타인의 점유 하에 있던 물건을 탈취해서는 안 된다.

　법칙 5. 악한 행위는 교정되어야 한다.

　법칙 6. 선한 행위는 보상(또는 그리스어로 ἀντευποιητέον)받아야 한다.

원칙 3. 각자가 자신의 의지라고 지시한 바가 그와의 관계에서 곧 법이다.

　법칙 7. 각 시민은 다른 시민들에게 위해를 가하지 않도록 해야 함은 물론 더 나아가 그들 전체와 각각을 보호해야 한다.

　법칙 8. 점유물이 사적으로 점유된 것이든 공적으로 점유된 것이든 시민들은 서로의 점유물을 침해하지 않도록 유의해야 할 뿐만 아니라 다른 개인들에게 필요한 바와 전체에게 필요한 바를 개별적으로 기여해야만 한다.

원칙 4. 국가가 자신의 의지라고 지시한 바가 무엇이든 간에 시민 전체와의 관계에서 곧 법이다.

원칙 5. 국가가 자신의 의지라고 지시한 바가 무엇이든 간에 시민 간의 상호관계에서 개별 시민에 대해서 곧 법이다.

법칙 9. 사법절차를 통한 경우를 제외하고, 어떤 시민도 동료시민에 대하여 자신의 권리를 강제할 수 없다.

법칙 10. 관리는 모든 문제에 있어 국가선을 위해 행위한다.

법칙 11. 국가는 관리의 모든 행위를 유효한 것으로 인정하여야 한다.

원칙 6. 관리가 자신의 의지라고 지시한 바가 시민 전체와의 관계에서 곧 법이다.

원칙 7. 관리가 자신의 의지라고 지시한 바가 개별 시민과의 관계에서 곧 법이다.

원칙 8. 모든 국가가 자신의 의지라고 지시한 바가 무엇이든 간에 국가들 모두와의 관계에서 곧 법이다.

법칙 12. 사법절차를 통한 경우를 제외하고, 어떤 국가도, 그 국가의 어떤 시민도 다른 국가 또는 그 시민에 대하여 자신의 권리를 강제할 수 없다.

원칙 9. 사법절차와 관련해서는, 피고가 된 국가 또는 그 시민이 피고가 된 국가에게 우위를 인정해 주어야 한다 [즉 그 국가가 판사의 역할을 한다]. 그러나 만약 이 국가가 자신의 사법상 의무의 이행을 게을리 했음이 입증되는 경우에는 원고가 된 국가 또는 그 시민이 원고가 된 국가가 판사가 된다.

법칙 13. [여러 법이] 동시에 준수될 수 있는 경우에는 그 [모든] 법이 준수되도록 한다. 이것이 불가능한 경우에는 상위의 법이 우선시되어야 한다.

부록 2

소유권취득방식의 구분
(『전쟁과 평화의 법』제2권 제2장, 제6장)

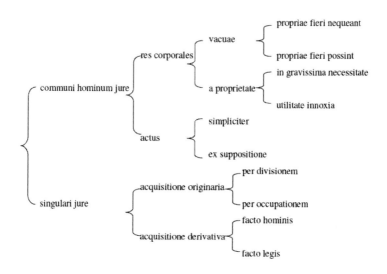

부록 3

그로티우스의 저작의 17세기 영역본

1632 *True religion explained, and defended against the archenemies thereof in these times... written in Latine by Hugo Grotius, and now done in English...*, London : R. Royston [In-12, 10 ff. + 350 ps.]

1640 *Christ's Passion, A Tragedie* [in five acts, in verse], *with Annotations* [Translated by George Sandys], London: J. Legatt [In-8]; London : J. L. for W. Leake [In-8, 123 ps.] [2nd ed., London : J. R. for T. Basset, 1687]

1653 *Two Discourses, I. Of God, and His Providence. II. Of Christ, His Miracles and Doctrine.* [A translation *VRC*, books 1 and 2] *With Annotations and the Author's Life. An Appendix Containing His Judgment in Sundry Points Controverted. By the Translator of the Same Author De imperio, etc.* [Clement Barksdale]. *The second edition, corrected and enlarged*, London [In-12, 118 ps.] [3rd ed., Books 1-4, London, 1658; 4th ed., in 1669]

1655 *The Illustrious Hugo Grotius of the Law of Warre and Peace with Annotations. III. Parts. and Memorials of the Author's Life and Death*, London : Printed by T. Warren, for William Lee, And are to be sold at his shop, at the signe of the Turks-head in Fleet-street [lxxviii + 660 + xcii ps., portrait]

1655 *Vindication of the Testimonies of Scripture Concerning Jesus Christ, from the Interpretations of them by H. Grotius in his Annotations on the Bible*, in : Owen (J.) D. D. *Vindiciae*

Evangelicae; or, the Mystery of the Gospell vindicated, etc. [In-4]

1678 *Hugo Grotius's Defence of Christian Religion, Together with Some Account of the Three Former Discourses. For God, Christ, Scripture. Newly collected and translated by C. B.*, London : J. Barksdale [In-8, 95 ps.]

1682 *The Most Excellent Hugo Grotius, His Three Books Treating of the Rights of War & Peace. In the First is handled, Whether any War be Just. In the Second is shewed, The Causes of War, both Just and Unjust. In the Third is declared, What in War is Lawful; that is, Unpunishable. With the Annotations digested into the Body of every Chapter. Translated into English by William Evats, B.D.*, London : Printed by M. W. for Thomas Basset at the George in Fleetstreet, and Ralph Smith at the Bible under the Piazza of the Royal Exchange in Cornhill [iv + xxi + v + 570 + xxix ps.]

1689 Selections from Grotius's *De jure belli et pacis*, in : *The Proceedings of the Present Parliament Justified, By the OPINION of the most Judicious and Learned HUGO GROTIUS, With Considerations thereupon. Written for the Satisfaction of some of the* Reverend Clergy, *who yet seem to Labour under some Scruples concerning the* Original Right of Kings, *their* Abdication of Empire, *and the Peoples inseparable Right of* Resistance, Deposing, *and of* Diposing and Settling of the Succession to the Crown. *By a Lover of the Peace of his COUNTRY. With Allowance*, Edinburgh [12 ps.]; London : Printed, and are to be Sold by Randal Taylor [20 ps.]

1689 *The Truth of Christian religion, in six books, written in Latin by Hugo Grotius, and now translated into English, with the addition of a seventh book against the present Roman church, by Symon*

Patrick... The 3rd edition, corrected, London : L. Meredith [In-8, 12 ff. + 245 ps., tables]

1692 *A Defence of the Catholick Faith, Concerning the Satisfaction of Christ, (against F. Socinus), Translated by W. H., etc.*, London [In-8]

1700 *The Truth of Christian religion, in six books, written in Latin by Hugo Grotius, and now translated into English, with the addition of a seventh book against the present Roman church, by Symon Patrick... The 3rd edition, corrected*, London : L. Meredith, 5th edition [In-12, 14 ff. + 242 ps., table

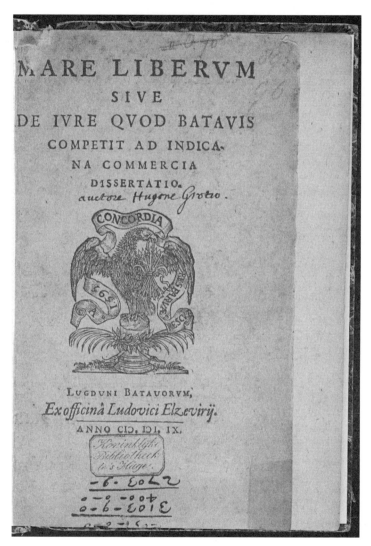

(그로티우스의 『자유해양론』[1609]의 표지)
(네덜란드 Koninklijke Bibliothek 소장본)

부록 4

그로티우스의 서간 중 셀든이 언급된 곳 : 1627-1630

1627.8.22.
발신인 :   Hugo Grotius
수신인 :   Willem de Groot
해당 문구 :   "Repeto nunc multa esse non spernenda, sed horum non pauca sumta ex Scaligeri literis, ex Deucero, Fuldero et Seldnero, non nominatis his, qui erant ut Philo loquitur πατέρες τοῦ λόγου"
수록처 :   *Epistolae*, p.798; *Briefwisseling*, Vol. 3, No. 1166

1629.11.20.
발신지 :   Boysgency
발신인 :   Nicolas-Claude Fabri de Peiresc
수신인 :   H. G.
해당 문구 :   "Le pauvre mons. Seldenus ne veult pas vacquer à cela comme je m'asseure qu'il eust faict trez volontiers, aussy bien qu'à ce qu'il a donné des marbres du conte d'Arondel."
수록처 :   *Briefwisseling*, Vol. 4, No. 1447

1629.12.6.
발신인 :   H. G.
수신인 :   J. Wtenbogaert
해당 문구 :   "Van Seldenus sal uE. voor desen verstaen hebben; de oorsaeck meent men te zijn, dat sij wat te veel parlamentaris zijn."
수록처 :   *Briefwisseling*, Vol. 4, No. 1457

1630.6.1.
발신인 :   C. Salmasius
수신인 :   H. G.
해당 문구 :   "Mirum vero Poenos Phoeniciam linguam vel usque ad

extima tempora paene puram conservasse, ut constat ex multis Augustini locis; apud quem Namphanio ille, in quo haeret Seldenus, debet esse Namphamio, ut saepe in libris vetustis n pro m reperitur exaratum."

수록처 :   *Briefwisseling*, Vol. 4, No. 1510

1630.6.19.
발신지 :   West-monasterii
발신인 :   I. Dorislaus
수신인 :   H. G.
해당 문구 : "Seldenus in libera custodia perambulat urbem et frui-
           tur fama sui exolescente paulatim apud regem memoria
           delicti."
수록처 :   *Briefwisseling*, Vol. 4, No. 1518

1630.9.6.
발신지 :   Paris
발신인 :   H. G.
수신인 :   Nicolas-Claude Fabri de Peiresc
해당 문구 : "Ex magna Britannia nihil habeo boni post marmora
           Arundelliana, nisi hoc unum, libero coelo frui virum
           optimum ac civem fortissimum Seldenum faventibus
           bonis omnibus."
수록처 :   *Briefwisseling*, Vol. 4, No. 1539

1630.10.5.
발신지 :   Paris
발신인 :   H. G.
수신인 :   C. Salmasius
해당 문구 : "Inter alia miror, quod Seldenum, a quo nominatus
           honorifice fuerat, quaedam etiam placita ipsius defensa,
           tanti non fecerit ut nomen ejus poneret."
수록처 :   *Briefwisseling*, Vol. 4, No. 1546

참고문헌

그로티우스의 저작*

그로티우스 생전의 출판

1609   *Mare liberum, sive De jure quod Batavis competit ad Indicana commercia dissertatio* [1605-1606], Lugduni Batavorum : ex officina Ludovici Elzevirii, 1609. 영역본 : *The Free Sea*, translated by Richard Hakluyt [c.1552-1616] with William Welwod's Critique and Grotius's Reply, edited and with an Introduction by David Armitage, Indianapolis : Liberty Fund, 2004; *The Freedom of the Seas : The Right Which Belongs to the Dutch to Take Part in the East Indian Trade*, translated with a revision of the Latin text of 1633 by Ralph van Deman Magoffin, New York : Oxford University Press, 1916

1613   *Ordinum Hollandiae ac Westfrisiae pietas (1613)*, critical edition with English translation and commentary by Edwin Rabbie, Leiden : E. J. Brill, 1995

1625   *De jure belli ac pacis libri tres. In quibus ius naturae & Gentium : item juris publici praecipua explicantur*, Parisiis

---

* 그로티우스의 저작 전체를 제시하는 것이 아니라 본서의 작성을 위해 참조된 판본만을 적시함에 유의.

	: apud Nicolaum Buon, in via Jacobaea, sub signis S. Claudii, & Hominis Silvestris, M.DC.XXV.
1626	⋯, Moeno-Francofvrti : typis & sumptibus Wechelianorum, Danielis & Dauidis Aubriorum & Clementis Schleichii, Anno M.DC.XXVI.
1631	⋯, Editio secunda emendatior, & multis locis auctior, Amsterdami : apud Guilielmum Blaeuw, MDCXXXI.
1631	*Inleiding tot de Hollandsche Rechts-Geleertheyd*, s'Graven-Haghe : Van Wouw, 1631
1632J	*De jure belli ac pacis libri tres* ⋯, Editio tertia emendatior, & multis locis auctior, Amsterdami : apud Joannem Jansonium, MDCXXXII
1632B	⋯, Editio nova ab Auctore ipso recognita & correcta : de qua vide pagina sequenti. Amsterdami : apud Guilielmum Blaeu. MDCXXXII
1642	⋯, Editio nova cum Annotatis Auctoris. Accesserunt & Annotata in *Epistolam Pauli ad Philemonem*, Amsterdami : apud Joh. & Cornelium Blaeu, MDCXLII

그로티우스 사후의 출판

1646	*De jure belli ac pacis libri tres* ⋯, Editio nova cum Annotatis Auctoris, Ex postrema ejus ante obitum cura multo nunc auctior. Accesserunt & Annotata in *Epistolam Pauli ad Philemonem*, Amsterdami : apud Johannem Blaeu, MDCXLVI
1648	*Epistolae ad Gallos*, nunc primum editae, Lugd. Batav. : ex officina Elzeviriorum, 1648 (secunda editio, priore auctior & emendatior, 1650; nova editio emendatior & auc-

tior, Lipsiae & Francofurti : impensis Mauritii Georgii Weidmanni, 1684)

1657   *Annales et historiae de rebus Belgicis* [1612], Amstelaedami : ex typographeio Joannis Blaeu, 1657

1667   *De jure belli ac pacis libri tres* ⋯, editio nova cum Annotatis Auctoris, ex postrema ejus ante obitum curae, Accesserunt Annotata in *Epistolam Pauli ad Philemonem*, et *Dissertatio de Mari libero*, Amstelaedami : apud Joannem Blaeu, 1667

1687   *Epistolae quotquot reperiri potuerunt*; In quibus praeter hactenus editas, plurimae Theologici, Juridici, Philologici, Historici, & Politici argumenti occurrunt, Amstelodami : P. & I. Blaeu, 1687

1868   *De jure praedae commentarius* [1604-1606], ex auctoris codice descripsit et vulgavit H. C. Hamaker, Hagae Comitum : apud Martinum Nijhoff, 1868; *Commentary on the Law of Prize and Booty*, translated by Gwladys L. Williams with the collaboration of Walter H. Zeydel, Oxford: The Clarendon Press, 1950; ..., edited and with an Introduction by Martine Julia van Ittersum, Indianapolis : Liberty Fund, 2006

1928-2001   *Briefwisseling*, 17 vol., Den Haag : Martinus Nijhoff, 1928-2001

1994   *Commentarius in Theses XI : An Early Treatise on Sovereignty, the Just War, and the Legitimacy of the Dutch Revolt*, translated by Peter Borschberg, Berne : Lang, 1994

기타 原典 및 史料

『貫珠 聖經全書』, 簡易國漢文 한글판, 大韓聖書公會, 1986 (초판 1964)

『공동번역 성서』, 개정판, 대한성서공회, 1999 (초판 1977)

Albinus et al., Imperial Plato, text and translation, with an introduction and commentary by Ryan C. Fowler, Las Vegas : Parmenides Publishing, 2016

Aristotle, Nicomachean Ethics, revised edition, translated by H. Rackham, Cambridge : Harvard University Press, 1934

Aristotle, Treatise on Rhetoric, literally translated from the Greek with an analysis by Thomas Hobbes, and a series of questions, new edition, to which is added, a supplementary analysis containing the Greek definitions, by Theodore Buckley, London : Henry G. Bohn, 1850

Calendar of State Papers, Colonial Series, East Indies, China and Japan, 1513-1616, preserved in Her Majesty's Public Record Office, and elsewhere, edited by W. Noël Sainsbury, London : Longman, Green, Longman & Roberts, 1862

Casaubon, Isaac, Epistolae, insertis ad easdem responsionibus, quotquot hactenus reperiri potuerunt, secundum seriem temporis accurate digestae, Roterodami : C. Fritsch et M. Böhm, 1709

Cicero, Marcus Tullius, De officiis; 키케로, 『의무론 : 그의 아들에게 보낸 편지』, 개정판, 파주 : 서광사, 2006

Clark, G. N. and W. Eysinga, The Colonial Conferences between England and the Netherlands in 1613 and 1615, 2 vol., Lugduni Batavorum : E. J. Brill, 1940 & 1951

Connan, François, *Commentaria juris civilis*, Paris, 1553

Εὐστάθιος Θεσσαλονίκης, *In Homeri Iliadis et Odysseae libros*, 3
 Vol., Basileae : Froben, 1559-1560

Freitas, Seraphim de, *De justo imperio Lusitanorum Asiatico*, Vallisoleti
 : ex officina H. Morillo, 1625; *Freitas contre Grotius sur la ques-*
 tion de la liberté des mers : Justification de la domination por-
 tugaise en Asie, par le Dr Fr. Seraphim de Freitas, ... traduit par ...
 A. Guichon de Grandpont, Paris : J.-P. Aillaud, Guillard et Cie, 1893

Selden, John, *De Diis Syris syntagmata II*. [···] Prisca porro Arabum,
 Aegyptiorum, Persarum, Afrorum, Europaeorum item theologia sub-
 inde illustratur ..., Londini : G. Stansbeius, 1617

Selden, John, *The Historie of Tithes* ..., [S.l.], 1618

Selden, John, *Mare clausum, seu De dominio maris libri duo*, Londini
 : excudebat Will. Stanesbeius, 1635; ..., in : *Opera omnia*, Vol. II,
 Part 2, cc.1179-1414

Selden, John, *De jure naturali & gentium, juxta Disciplinam*
 Ebraeorum, libri septem, Londini : Richardus Bishopius, 1640

Skinner, John, *A True Relation of the Unjust, Cruell, and Barbarous*
 Proceedings against the English at Amboyna in the East-Indies, by
 the Neatherlandish Governour and Councel There, London :
 Nathaniel Newberry, 1632

Stair, James Dalrymple, *The Institutions of the Law of Scotland*,
 Endinburgh : Andrew Anderson, 1681

Θεόφραστος, *Opera omnia*, Basileae : J. Oporinus, 1541

Winwood, Ralph, *Memorials of Affairs of State in the Reigns of Q.*
 Elizabeth and K. James I, 3 vol., London : T. Ward, 1725

연구문헌

Alexandrowicz, C. H., *The Law of Nations in Global History*, edited by David Armitage and Jennifer Pitts, Oxford : Oxford University Press, 2017

Astorri, Paolo, "Grotius's Contract Theory in the Works of His German Commentators : First Explorations", *Grotiana*, Vol. 41 (2020), pp.88-107

Aure, Andreas Harald, *The Right to Wage War (jus ad bellum) : The German Reception of Grotius 50 Years after De iure belli ac pacis*, Berliner Wissenschafts-Verlag, 2015

Barbour, Reid, *Literature and Religious Culture in Seventeenth-Century England*, Cambridge : Cambridge University Press, 2002

Bederman, David J., "Reception of the Classical Tradition in International Law : Grotius' *De jure belli ac pacis*", *Emory International Law Review*, Vol. 10 (1996), pp.1-49

Bederman, David J., *Classical Canons : Rhetoric, Classicism and Treaty Interpretation*, Aldershot : Ashgate, 2001

Berg, Johannes van den, *Religious Currents and Cross-Currents : Essays on Early Modern Protestantism and the Protestant Enlightenment*, ed. by Jan de Bruijn *et al.*, Leiden etc. : Brill, 1999 (*Studies in the history of Christian thought*, 95)

Berman, Harold J., *Law and Revolution, II : The Impact of the Protestant Reformations on the Western Legal Tradition*, Cambridge : The Belknap Press, 2003.

Blom, Hans W. (ed.), *Property, Piracy and Punishment : Hugo Grotius on War and Booty in De iure praedae ‒ Concepts and Contexts*, Leiden : Brill, 2009

Blom, Hans, "Grotius, un libral républicain", in : Philippe Nemo and Jean Petitot (ed.), *Histoire du libralisme en Europe*, Paris : Presses universitaires de France, 2006, pp.153-173

Bobbio, Norberto, *Thomas Hobbes*, Turin : Giulio Einaudi editore, 1989; *Thomas Hobbes and the Natural Law Tradition*, translated by Daniela Gobetti, Chicago & London : The University of Chicago Press, 1993

Borschberg, Peter, *Hugo Grotius, the Portuguese, and Free Trade in the East Indies*, Singapore : NUS Press, 2011.

Brandt, Reinhard, *Eigentumstheorien von Grotius bis Kant*, Stuttgart : Friedrich Frommann Verlag, 1974 (*Problemata*, 31)

Brett, Annabel *et al.* (ed.), *Rethinking the Foundations of Modern Political Thought*, New York : Cambridge University Press, 2006

Brook, Timothy, *Vermeer's Hat : The Seventeenth Century and the Dawn of the Global World*, New York : Bloomsbury Press, 2008; 티머시 브룩, 『베르메르의 모자』, 박인균 역, 서울 : 추수밭, 2008.

Chamberlain, James A., "From the Freedom of the Seas to No Borders : Reading Grotius with Deleuze and Nancy", *Philosophy and Social Criticism*, Vol. 44, No. 6 (2018), pp.682-700.

Chaudhuri, K. N., *The English East India Company : The Study of an Early Joint-stock Company 1600-1640*, Frank Cass & Co., 1965 (London : Routledge, 1999)

Contamine, Philippe (ed.), *War and Competition between States*, Oxford : Clarendon Press, 2000

Coolhaas, W. Ph., "Een bron van het historische gedeelte van Hugo de Groots *De jure praedae*", *Bijdragen en Mededelingen van het Historisch Genootschap*, Deel 79 (1965), pp.415-426

Cox, Richard, "Hugo Grotius", in : Leo Strauss and Joseph Cropsey (ed.), *A History of Political Philosophy*, University of Chicago Press, 1987

De Blois, Matthijs, "Blessed [Are] the Peacemakers... : Grotius on the Just War and Christian Pacifism" *Grotiana*, Vol. 32 (2011), pp.20-39

Diesselhorst, Malte, *Die Lehre des Hugo Grotius vom Versprechen*, Köln : Böhlau, 1959

Feenstra, Robert, *Histoire du droit savant (13^e-18^e sicle) : Doctrines et vulgarisation par incunables*, Aldershot; Burlington : Ashgate Publishing, 2005

Fleischacker, Samuel, *A Short History of Distributive Justice*, Cambridge : Harvard University Press, 2003

Fletcher, Eric G. M., "John Selden (Author of *Mare clausum*) and His Contribution to International Law", *Transactions of the Grotius Society*, Vol. 19 (1933), pp.1-12

Forde, Steven, "Hugo Grotius on Ethics and War", *The American Political Science Review*, Vol. 92, No. 3 (Sep., 1998), pp.639-648

Fouché, Leo, "The Origins and Early History of the Dutch East India Company (1602-1652)", *South African Journal of Economics*, Vol.. 4, No. 4 (December 1936), pp.444-459

Fulton, Thomas Wemyss, *The Sovereignty of the Sea : An Historical Account of the Claims of England to the Dominion of the British Seas, and of the Evolution of the Territorial Waters*, with special reference to the rights of fishing and the naval salute, Edinburgh : W. Blackwood, 1911.

Garber, Daniel and Michael Ayers (ed.), *The Cambridge History of Seventeenth-Century Philosophy*, Vol. II, Cambridge : Cambridge University Press, 1998

Gillespie, Alexander, *A History of the Laws of War*, Vol. 1, *The Customs and Laws of War with Regards to Combatants and Captives*, Oxford : Hart Publishing, 2011

Gillespie, Alexander, *The Causes of War*, 3 Vol., Oxford : Hart Publishing, 2013-2017

Grotiana, Vol. 22/23 (New Series, 2001/2002). Blom, Hans W. and Laurens C. Winkel (ed.), *Grotius and the Stoa*, Assen : Koninklijke Van Gorcum, 2004

Haggenmacher, Peter, "Just War and Regular War in Sixteenth Century Spanish Doctrine", *International Review of the Red Cross Archive*, Vol. 32, No. 290 (October 1992), pp.434-445

Haggenmacher, Peter, *Grotius et la doctrine de la guerre juste*, Paris : Presses universitaires de France, 1983

Haivry, Ofir, *John Selden and the Western Political Tradition*, Cambridge : Cambridge University Press, 2017.

Johnson, James Turner, "Grotius' Use of History and Charity in the Modern Transformation of the Just War Idea", *Grotiana*, Vol. 4 (1983), pp.21-34

Johnson, James Turner, *Ideology, Reason, and the Limitation of War : Religious and Secular Concepts, 1200-1740*, Princeton : Princeton University Press, 1975

Justenhoven, Heinz-Gerhard and William A. Barbieri, Jr. (ed.), *From Just War to Modern Peace Ethics*, Berlin : Walter de Gruyter, 2012

Kellman, Barry, "Of Guns and Grotius", *Journal of National Security Law & Policy*, Vol. 7 (2014), pp.465-525

Knight, W. S. M., "Grotius in England : His Opposition There to the Principles of the *Mare liberum*", *Transactions of the Grotius Society*, Vol. 5 (1919), pp.1-38

Knight, W. S. M., "Seraphin de Freitas : Critic of *Mare liberum*", *Transactions of the Grotius Society*, Vol. 11 (1925), pp.1-9

Knight, William Stanley MacBean, *The Life and Works of Hugo Grotius*, London : Sweet & Maxwell, 1925 (*Grotius Society Publications*, 4)

Lauterpacht, H., "The Grotian Tradition in International Law", *British Year Book of International Law*, Vol. 23 (1946), pp.1-53

Lee, Peter, "Selective Memory : Augustine and Contemporary Just War Discourse", *Scottish Journal of Theology*, Vol. 65, No. 3 (2012), pp.309-322

MacCormack, Geoffrey, "Grotius and Stair on Promises", *American Journal of Jurisprudence*, Vol. 22 (1977), pp.160-167

Mäkinen, Virpi and Petter Korkman (ed.), *Transformations in Medieval and Early-Modern Rights Discourse*, Dordrecht : Springer, 2006 (*The New Synthese Historical Library*, 59)

Mastnak, Tomaž, *Crusading Peace : Christendom, the Muslim World, and Western Political Order*, Berkeley : University of California Press, 2002

McCoog, Thomas M., "Sir Christopher Perkins [Parkins]", *Oxford Dictionary of National Biography*, 2004 (2008)

Meinecke, Friedrich, *Die Idee der Staatsräson in der neueren Geschichte*, München u. Berlin : R. Oldenbourg, 1924. English translation : *Machiavellism : The Doctrine of Raison d'État and Its Place in Modern History*, translated by Douglas Scott, with an introduction by Werner Stark, New Haven : Yale University Press, 1957; New Brunswick, 1998

Nabulsi, Karma, "The Enigma of the Middle Way : Grotius and the Grotian Tradition of War", in : *Idem, Traditions of War :*

Occupation, Resistance, and the Law, Oxford : Oxford University Press, pp.128-176

Nellen, Henk J. M., *Hugo Grotius : A Lifelong Struggle for Peace in Church and State, 1583-1645*, Leiden : Brill, 2014.

Nys, Ernest, *Les origines du droit international*, Bruxelles : Alfred Castaigne, 1894.

O'Driscoll, Cian, "Rewriting the Just War Tradition: Just War in Classical Greek Political Thought and Practice", *International Studies Quarterly*, Vol. 59 (2015), pp.1-10

Oldman, Elizabeth, "Milton, Grotius, and the Law of War : A Reading of *Paradise Regained* and *Samson Agonistes*", *Studies in Philology*, Vol. 104, No. 3 (Summer, 2007), pp.340-375

Onuma, Yasuaki (ed.), *A Normative Approach to War : Peace, War, and Justice in Hugo Grotius*, Oxford : Clarendon Press, 1993

Onuma, Yasuaki, "Hugo Grotius : Dutch Statesman and Scholar", *Encyclopaedia Britannica*, 2017

大沼保昭 編,『戰爭と平和の法 : フーゴー・グロティウスにおける戰爭, 平和, 正義』, 東京 : 東信堂, 1998

Pappafava, Wladimir, "De la mer territoriale et de la soumission des navires étrangers à la juridiction locale", *Journal du droit international privé et de la jurisprudence comparée*, Vol. 14, No. 7-8 (1887), pp.441-448

Porras, Ileana M., "Constructing International Law in the East Indian Seas : Property, Sovereignty, Commerce and War in Hugo Grotius' *De iure praedae* — The Law of Prize and Booty, or 'On How to Distinguish Merchants from Pirates'", *Brooklyn Journal of International Law*, Vol. 31, No. 3 (2006), pp.741-804

Russell, Frederick H., *The Just War in the Middle Ages*, Cambridge :

Cambridge University Press, 1977

Saint Leger, James, *The "Etiamsi daremus" of Hugo Grotius : A Study in the Origins of International Law*, Rome : Casa Editrice Herder, 1962

Sajó, András, "Promise and Contract : On the Limited Role of Social Ideas", *Acta juridica Hungarica*, Vol. 43, No. 1-2 (2002), pp.57-89

Salter, John, "Hugo Grotius : Property and Consent", in : *Political Theory*, Vol. 29, No. 4 (Aug., 2001), pp.537-555

Scott, Jonathan, *England's Troubles : Seventeenth-Century English Political Instability in European Context*, Cambridge : Cambridge University Press, 2000

Simons, Walter, *The Evolution of International Public Law in Europe since Grotius*, New Haven : The Yale University Press, 1931

Skinner, Quentin, *The Foundations of Modern Political Thought*, 2 vol., Cambridge : Cambridge University Press, 1978

Smith, T. B., "Pollicitatio - Promise and Offer : Stair v. Grotius", *Acta juridica*, 1958, pp.141-152

Sommerville, Johann P., *Royalists & Patriots : Politics and Ideology in England, 1603-1640*, 2nd Edition, London and New York : Longman, 1999

Straumann, Benajamin, *"Oikeiosis* and *appetitus societatis* : Hugo Grotius' Ciceronian Argument for Natural Law and Just War"*, *Grotiana*, Vol. 24-25 (2003-2004), pp.41-66

Todescan, Franco, *Etiamsi daremus : studi sinfonici sul diritto naturale*, Padova : CEDAM, 2003

Tooke, Joan D., *A Critique of the Just War in Thomas Aquinas and Grotius*, Ph. D. University of Edinburgh, 1962; *The Just War in Aquinas and Grotius*, London : S.P.C.K., 1965

Toomer, G. J., *John Selden : A Life in Scholarship*, 2 vol., Oxford : Oxford University Press, 2009.

Trevor-Roper, Hugh Redwald, *Catholics, Anglicans and Puritans : Seventeenth Century Essays*, London : Secker & Warburg, 1987

Trevor-Roper, Hugh Redwald, *From Counter-Reformation to Glorious Revolution*, Chicago : The University of Chicago Press, 1992

Tuck Richard, *The Rights of War and Peace : Political Thought and the International Order from Grotius to Kant*, Oxford : Oxford University Press, 1999

Tuck, Richard, *Natural Rights Theories : Their Origin and Development*, Cambridge : Cambridge University Press, 1979

Tuck, Richard, *Philosophy and Government 1572-1651*, Cambridge : Cambridge University Press, 1993

Van Ittersum, Martine Julia, *Profit and Principle : Hugo Grotius, Natural Rights Theories and the Rise of Dutch Power in the East Indies, 1595-1615*, Leiden : Brill, 2006

Vieira, Mónica Brito, "*Mare liberum* vs. *Mare clausum* : Grotius, Freitas, and Selden's Debate on Dominion over the Seas", *Journal of the History of Ideas*, Vol. 64, No. 3 (Jul., 2003), pp.361-377

Vreeland, Hamilton, *Hugo Grotius : The Father of the Modern Science of International Law*, New York : Oxford University Press, 1917

Willems, J. C. M., "Grotius and the Atomic Weapon : The Nuclear Weapon-Discussion in the Light of "Just War" with Hugo de Groot", *Grotiana*, Vol. 2 (1981), pp.103-114

Wilson, Eric Michael, *The Savage Republic : De Indis of Hugo Grotius, Republicanism, and Dutch Hegemony within the Early Modern World System (c. 1600-1619)*, Leiden : Martinus Nijhoff, 2008

Ziskind, Jonathan, "International Law and Ancient Sources : Grotius and Selden", *The Review of Politics*, Vol. 35, No. 4 (Oct. 1973), pp.537-559

Zuckert, Michael P., *Natural Rights and the New Republicanism*, Princeton : Princeton University Press, 1994